ジョン・カシディー＝著
松村保孝＝訳

「世界大不況」は誰が引き起こしたか

―米国「金融エリート」の失敗―

講談社

「世界大不況」は誰が引き起こしたか

─ 米国「金融エリート」の失敗 ─

講談社

目次 CONTENTS

序――05

投資アーティストの失墜――11
ビクター・ニーダーホッファ　ヘッジファンド・マネージャー
独自の理論をもとに、巧みに金融商品を操り、〝ヘッジファンドの王〟と呼ばれた伝説的投資家。ヘッジファンドはバブル膨張の一因になり、それが弾けると、彼自身も金融崩壊の巨大な波に呑み込まれた。

サブプライム危機の容疑者――73
E・スタンレー・オニール　メリルリンチ前会長兼CEO（最高経営責任者）
ウォール街の大企業トップにのぼり詰めた、初のアフリカ系アメリカ人。住宅ローン部門の拡大などで豪腕をふるい、バブル景気を煽りながら、会社を成功に導いた。そこから一気に転落するまでの詳細。

金融メルトダウンの解剖――139
ベン・バーナンキ　Fed（連邦準備制度）議長
バブルに対する警告には耳を貸さず、膨らむにまかせた自由市場主義者。最後は政策を改めたが、時すでに遅し。金融システムは、驚くほどのスピードでそれは崩れ去った。

週刊誌「ニューヨーカー」のジャーナリズム――202

装丁——草薙伸行

序

今回の金融大災害は、2007年8月9日木曜、フランスの大手銀行BNPパリバが、3つのファンドからの引き出しを一時的に停止すると発表したことから始まった。それらのファンドでは、かなりの金額をアメリカの抵当証券に投資していた。同行は声明の中で、「アメリカの証券化市場が流動性を失えば、格付けに関係なく、資産の公正な評価はできなくなる」と述べた。

BNPパリバの発表直後から、世界中の株式市場は急落。投資家は安全な米国債に殺到し、銀行同士が貸し合う銀行間取引市場はほぼ停止した。さらに1年後、この問題は未曾有の世界不況へと進展し、アイスランドからハンガリー、そして日本に至るまで、各国の経済を叩きのめしてしまったのである。

この地殻変動を恐慌と呼ぶか、景気後退と呼ぶかはともかく、失業、工場閉鎖、倒産、銀行の損金処理、住宅価格の下落など、悪いニュースが連日届けられた。今のところ、大量失業は1930年代初頭のレベルには達してはいないが、それも大した慰めにはならないだろう。

経済史家のバリー・アイケングリーンとケビン・オルークによると、'08年4月以降に、世界の工業生産と資本市場が下落した規模とスピードは、'29年大恐慌後のそれを凌駕《りょうが》しているという。つい最近も、二人は、「世界は現在、'29年から'30年にかけての経済的衝撃とまったく同等の経験をしている」と指摘した。

景気が悪い、それも酷《ひど》く悪いことには誰もが同意する。しかし、どのようにしてこんな事態に至ったのか。そして、一体誰にその責任はあるのか?

その疑問には多くの答えがあって、意見の一致を見ることはほとんどない。多くの人々は、数々の新奇な金融商品を作っては売りさばいた強欲な銀行家に怒りの矛先《ほこさき》を向ける。中には、住宅や金融市場でバブルが途方もなく膨《ふく》らんでいくのを放置した無能な政策当事者を指さす人もいる。また、ある人々は、分かりもしない金融商品に何千億ドルもつぎ込んだ初心《うぶ》な投資家を非難する。さらには、借金漬けになったアメリカやイギリスの一般消費者の行動を嘆く人々もいる。

歴史家はこれらの問題を、今後何十年も議論していくであろう。しかし無理もないが、多くの人々は、分かりやすくて即効性のある啓蒙を求めがちだ。

一体誰に意見を求めればいいのだろう？　エコノミストや政策当事者たちか？　そうではないだろう。政治家や扇動家、さもなければ、自身の目的のためにこの危機を利用しようとする有象無象のものか？　そうかもしれない。彼らの示した選択肢や解決法が、多くの場合、問題の原因とは無関係に見えるとしても。それとも、ジャーナリストか？

「ジャーナリズムとは歴史の第一稿である」という言葉は、ワシントンポストの元オーナー兼発行人、フィリップ・グラハムが初めて言ったとされる。草稿というものは、時に読者を誤らせ、常に粗《あら》い。しかし、さしあたりは、そこから出発するしかないのだろう。

ジャーナリズムの長所は、出来事のドラマと喧噪を、まさに起こったその時に把握することにあり、短所はコンテクスト（前後関係）と全体像の欠如である。ここに集められた私の記事には、その短所がより少なくあってほしいと願うばかりだ。

幸運にも、私はこの経済危機を、雑誌「ニューヨーカー」のために取材することができた。この雑誌は、何か新しいことを伝え、しかも間違いがないように、時間と神経を使ってテーマを深く掘り下げるべきだとライターに奨励している。紙媒体のジャーナリズムにとって暗鬱な昨今の状況の中では、このような伝統的なアプローチをとる出版物はますます少なくなっている。

危機が噴出した’07年、私はすでに、ビクター・ニーダーホッファの人物記事に取り組んでいて、彼は当時、ニューヨークではよく知られたヘッジファンド・マネージャーだった。今では記憶が薄れてしまっているが、ほんの数年前には、ヘッジファンドと非公開投資会社は、金融が主導する新しい形態の資本主義を作り上げているように見えたものだ。かつてジョージ・ソロスのトップ・トレーダーであったニーダーホッファは、賢人にして変人だが、私にとって彼はこの世界への窓口であり、また米国流の成功物語を代表する主人公の一人でもあった。

父親は警官で、彼はブルックリンのブライトンビーチで育った。奨学金を得てハーバード大学に進学、米国屈指のスカッシュ選手となる。’60年代、シカゴ大学で経済学の博士号を取得して、数年間の教職を経験したあと、ウォール街で財産を築くが、’97年のアジア金融危機でそのほとんどを失い、その後、徐々に復活していった。

ニーダーホッファの記事の終盤では、’07年8月に世界がどのように変わったかを、端的に書いた。その後、大惨事はウォール街本体に及び、最初の犠牲者の一人がメリルリンチの会長兼CEO（最高経営責任者）、スタンレー・オニールだと言われた。オニールの生い立ちはニーダーホッファのそれよりも劇的だ。

祖父は奴隷であり、彼はアラバマ北東部――アパラチア山脈の山裾に広がる丘陵地帯に近い――の小さな町で育った。ＧＭ（ゼネラル・モーターズ）で働いたあと、メリルリンチに移り、'02年、ウォール街の投資銀行では初のアフリカ系ＣＥＯへとのぼり詰めた。オニールのリーダーシップのもと、メリルは不動産担保証券と、のちに不良資産と化してしまった債務担保証券の大きな発行元になった。取材執筆に5ヵ月を要したオニールに関する記事の中で、私はメリルリンチの内部で何が起こったかを再構築した。

この記事が「ニューヨーカー」に掲載された'08年3月までに、金融危機はさらに広がり、ウォール街のもうひとつの投資銀行ベアー・スターンズが買収された。状況の悪化と拡大に伴い、米政府の対応に注目が集まった。その大部分は、プリンストン大学出身の温厚なエコノミスト、ベン・バーナンキの監督下にあった。

'06年2月、Ｆｅｄ（連邦準備制度）議長となったバーナンキは、前任者アラン・グリーンスパンの伝説とともに、金融危機という大惨事をも引き継いだ。私の関心は、大恐慌研究の専門家でもあるベン・バーナンキが、'02年から'06年にかけてＦｅｄとホワイトハウスで働いていた頃、グリーンスパンの間違った政策にどの程度まで同調していたか、そして、変化し続ける状況に彼がどう対応していったのかという2点にあった。

バーナンキとのロングインタビューが数回実現し、その一部は公表が許された。バーナンキは見かけよりずっとダイナミックで過激であり、グローバルな金融システムの崩壊を食い止めるためには何でもやるだろうという印象を私は得た。これはその後、事実で裏付けられることになった。

この原稿を書いている'09年5月時点では、バーナンキは短期的な目標の達成に成功したかに見える。リーマン・ブラザーズが'08年9月に破産を申請して以来、大銀行の倒産はなく、市場も落ち着いているようだ。経済先進諸国の政府が、いかなる状況になろうとも世界の大金融組織の債務を肩代わりすると事実上保証したのだから、これは恐らく驚くには当たらないだろう。

だが、世界経済を健全な状態に戻すという大きな仕事は、いまだ未完成だ。金融システムを改革して、今後5年、あるいは10年の間、今のような惨状を再び招かないようにするというさらに大きな仕事には、まだまったく手が着けられていないのである。

投資アーティストの失墜

The blow-up artist
The New Yorker,Oct.15,2007

©Brad Trent

Victor Niederhoffer

ビクター・ニーダーホッファ

ヘッジファンド・マネージャー

●

1943年生まれ。ハーバード大学卒。シカゴ大学で博士号を取得。
'80年に投資ファンドを設立し、'82～'90年はジョージ・ソロスのファンドに参加。
〝世界一のトレーダー〟と称えられる一方、
破産と復活を何度か経験した。

記事初出「ニューヨーカー」2007年10月15日号

名うてのリスクテイカー

ビクター・ニーダーホッファがいつも座るデスクの正面の壁には、ナンタケット島の捕鯨船エセックス号を描いた大きな絵が掛かっている。1820年、南太平洋で巨大なマッコウクジラに襲われて沈没し、小説『白鯨』の題材にもなった船だ。生き残った船長ジョージ・ポラード・ジュニアは、資金提供者を見つけて新たな船を手に入れ、再び白鯨を追った。しかし、1年あまりのちに、船は珊瑚礁に乗り上げて難破してしまう。ジョージ・ポラードは落ちぶれて、夜警として晩年を過ごした。

63歳になったヘッジファンド・マネージャーのニーダーホッファが、その絵を買い求めたのは1997年。タイの株式市場が大暴落し、顧客のすべての資金と、自身のかなりの金を失ったあとのことだ。彼は名うてのリスクテイカーだが、そういう事態を招いたことへの戒《いまし》めとして、また、成功の不安定さをいつでも思い起こせるようにと、エセックス号の絵をデスクの正面に掛けたのである。

ニーダーホッファはプロの投資家として、30年近いキャリアを積んでいる。その間、ほかのトレーダーが「無謀」とか、「正統ではない」と評した手法で、何度か財産を築き上げ、そのたびにすべてを失った。

彼は'70年代に、儲かる売買を識別するソフトウェアのプログラムを書いた。'80年代初めには、当時世界で一番成功していると評された投資家ジョージ・ソロスと組み、ビジネスを展開した。

数年後、有名な資産運用会社の多くがもっぱらマンハッタンを本拠地にしていた頃、ニーダーホッファは自宅とトレーディング・ルームを、コネティカット州の大邸宅に移した。その屋敷はネオチューダー様式で1860㎡もあり、家の中にはたくさんの書籍、写本、銀細工、美術品が詰め込まれていた。

広いリビングの高さ9mを超す壁には、今、2ダース以上の絵が掛けられ、その多くは工場を描いたものや、西部の撃ち合いを題材にした風景画だ。床には、彩色された子馬とか、ウズラを背にした黒い斑点がある猟犬とか、小ぶりなクロクマの人形が転がっている。ニーダーホッファの家は何人もの子供たちによって、しょっちゅう占領される。2回の結婚とひとつの婚外関係の結果、彼は6人の娘と、一人の男の子の父親なのである。

'97年のアジア金融危機のあと、ニーダーホッファは数年間、ビジネスから離れざるを得なかった。そして、50歳代後半になってから、劇的な復活を遂げる。新たに3つのヘッジファンドを興《おこ》し、デイリー・スペキュレーションズ・ドットコムというウェブサイトを立ち上げたのだ。

彼はそこで株式市場に対する鋭い洞察力を披瀝《ひれき》し、２００７年5月には、サイトに《市場について何を貝殻類から学べるか》と題する記事を載せた。それだけでなく、スポーツ、政治、文化についても意見を述べた。たとえば、《今、ブロードウェイでリバイバル中の『ファンタスティックス』は、ミュージカルとして完璧だ》といった具合に。

彼は何十人もの成功したトレーダーを育成したが、彼らの多くにとって、ニーダーホッファはカリスマ的な指導者である。'02年から'06年にかけて、ニーダーホッファの取引に投資した、フロリダの個人投資家ジェームズ・ラッキーが言う。

「以前、私はウォール街の企業の取引に投資をしていました。しかし、自分が投資ということを理解していないんだと分かったんです。ニーダーホッファが教えてくれたのは、どのようにして市場を科学的に分析し、アプローチしていったらいいのかということ。起こっていることを察知して、そこでどう儲けるかを考え出すことにかけて、彼は実に驚異的な能力を持っていましたね」

かつてスカッシュの全米チャンピオンになり、スカッシュ史上最も才能があるアメリカ人の一人と言われたことがあるニーダーホッファは、自身への拍手喝采を楽しむ一方で、自分を取り巻くそういった状況が急激に変わってしまうこともよく知っている。

'07年8月末に、彼のファンドはトラブルに見舞われ、「もうすぐニーダーホッファがまた店をたたむようだ」という噂がウォール街に流れた。夏いっぱい、ニーダーホッファは悩み続け、自己憐憫の入り混じったユーモアで、自分の考えを伝えようとした。

「'97年のようなことがまた起きたら、私の家族だって生活に困るよ。ポラード船長のように、私もどこかで夜警でもやるか」

'07年の6月、ニーダーホッファは、自宅を訪ねた私にこう言った。

「アメリカでは、チャンスをくれるのは2回まで。3回目はないからね」

新聞もテレビも見ない

ニーダーホッファはスリムで背が高く、今でも運動選手のように見える。白髪を短く刈り上げ、肌は黄褐色、そして表情豊かな長い顔。ブルックリン訛《なま》りがきついが、話し方はソフトだ。黄色のシャツにピンクのズボンを合わせ、靴下は白。部屋の中では靴は履かない。物音を立てないように、「室内では靴を脱ぐこと」をルールにしているという。

1階にあるガレージの上が、トレーディング・ルームになっている。ニーダーホッファとパートナーのスティーブ・ウィズダム、それに数人のスタッフがここで働いていて、社名はマンチェスター・トレーディング。

ニーダーホッファのデスクの上には、ブルームバーグの端末が2台置かれており、彼は今、電話の受話器を握っている。ライトブルーの眼は、端末の画面に釘付けだ。

「今日の市場は下げだな」

電話の相手、シカゴ・マーカンタイル取引所のブローカーに、彼は挨拶代わりにこう言い、「相場をもう一度言ってみてくれ」と頼んだ数秒後、

「'09年3月限を200枚510で売り、'11年3月限を200枚1100で売る」

と告げた。

シカゴ・マーカンタイル取引所は先物市場である。そこでは、将来のある定められた日に、特定の商品を購入する権利をうたった契約書が売買される。取引対象は卵、バター、豚といった有形の商品で、かつての主な顧客は農民や食料会社であった。

ここ数十年、先物市場はみるみる抽象化していき、取引所では今やプロの投機家たちが株、債券、通貨などの金融証券に賭《か》け金を張るようになった。この先物市場の成長を、数

学の天才で経済学の博士号を持つニーダーホッファは存分に利用してきた。

特に、日をまたいで彼が主導的な立場にいる時は、シカゴ市場が開くずっと前の時間に、いそいそと自分のデスクに着く。ニーダーホッファは短期の売買をすることが多く、数分後、数時間、あるいは数日後に価格がどう変わるかに賭ける。

最近の出来事についての知識の多くは、ブルームバーグが出所だ。彼は新聞もテレビも見ない。オフィスに入ると、端末のスイッチを入れ、アジアとヨーロッパ市場での進展を読む。それがしばしば、アメリカ市場の動きの予兆になるからである。

前週の終わりに、満期10年の米国債の利回りが5％近くまで上がったことで、ニーダーホッファは珍しく、株式市場で弱気に転じた。彼の説明によると、債券の利回りが5％に達すると、投資家の中には資金を株式から債券に移す者が出てきて、株式の相場を押し下げるのだという。結果的に、彼は株式先物を10億ドル以上も空売《から》りすることにした——空売りとは投機家の間では一般的な戦術で、実際には所有していない株式を、のちにより安い価格で買い戻すつもりで売ることを言う。空売り中に価格が下がれば利益が出るが、逆に上がれば損失が出る。

金離れがいいと言われるニーダーホッファから見ても、株式先物を10億ドルも空売りするのは大きな賭けだが、結果的にはうまくいった。月曜日に市場が再開して間もなく、国債の利回りは5％に達し、株式と株式先物は急落した。

水曜日、私が訪ねた朝、ウォール街で取引開始のベルが鳴ってからほどなくして、ニーダーホッファは一度売った先物を買い戻し、500万ドルの利益を手にした。

しかし、彼はあまり嬉しそうに見えなかった。午前中は株式の下落が続き、ずっと持ちこたえていれば、もっと大きな利益になったからだ。プロの投資家としての28年間、売買に心の底から満足できた日は一日としてなかったと彼は言った。

市場のパターンは変化する

11時になると、ダウ・ジョーンズ工業平均は100ポイント下落し、スタンダード＆プアーズ（S＆P）500指数も約30ポイント下落した。

ニーダーホッファはブルームバーグの端末を凝視したまま、「どうも成績が良くない」とつぶやく。画面には、ヨーロッパやラテンアメリカのさまざまな株式市場の動向が映し出されている。しかし、アメリカの相場が映っていないことに、私は気づいた。

ニーダーホッファはかつて、海外投資に重点を置いていたが、'97年にタイ株式市場の暴落を経験して以来、売買をアメリカに限定してきた。彼の説明では、アメリカ市場が下落している時は、アメリカ市場とほぼ同調しているダックス（ドイツ株式市場の指標）で動きを追うのだという。

「アメリカでどれほどの損失が生じているのかも、それで分かるんだ。しかも、アメリカのS&P指数を見ているより、心が傷つかずに済む」

ほどなくして、ニーダーホッファは少し元気になった。

「3回連続で安寄り（寄り付きの株価が前日の終値よりも安いこと）になった。滅多にないことだね。市場というのは、同じことの繰り返しは嫌うものなんだよ」

彼はアレックス・カスタルドのほうを振り向いた。カスタルドはメガネをかけた53歳のイタリア系の男で、MIT（マサチューセッツ工科大学）で電子工学を専攻し、ニューヨーク市立大では金融学の博士号を得ている。

「ハカセ」と呼びかけてから、ニーダーホッファはこう問いかけた。

「3日連続して安寄りが起こると、市場はどう反応する？」

数分後、カスタルドはコンピュータから書類をプリントアウトして、ニーダーホッファに渡した。それによると'03年以降、S&P500が3日間連続で取引開始後1時間半の間に急落した例は、計10回あった。うち8回は株価が反騰し、翌日終値までには0・3%以上の上げになっている。

ニーダーホッファのように、借り入れた金でレバレッジをかけ、賭け金のスケールアップを図るトレーダーにとっては、比較的小さな市場の変化であっても、それを予測できるかどうかが儲けを左右するのである。

ニーダーホッファが株価のパターンを発見するために使うソフトウェアは、彼自身が30年前に書いたコードを改作したものだ。多くのヘッジファンドやウォール街の投資銀行は、儲けにつながりそうな市場の変動を見つけて自動的に注文を出す「ブラックボックス投資法」に頼っているのだが、ニーダーホッファは、このプログラムに冷笑的である。

彼によれば、市場は予測通りに動く時もあるが、パターンは絶えず変化する。数学的なアルゴリズム（プログラムの解法手順）に頼ると、時に破滅的な結果を招く。だから、マンチェスター・トレーディング社では、ニーダーホッファか、パートナーのウィズダムのどちらかが、売買のすべてに目を通しているのだ。

今回、ニーダーホッファは市場の反騰を予測したが、買いは延期した。その直前、モルガン・スタンレーが顧客に「株式の手持ちを減らせ」とアドバイスしたためだ。

「それに、Ｆｅｄ（連邦準備制度）も弱気な主張を繰り返しているからね」

　とニーダーホッファは言う。数分前、ダウは1万３５００以下に下落した。カスタルドがブルームバーグの端末をたたき、米国株のチャートを呼び出した。画面に映し出された下落する折れ線を見て、ニーダーホッファが言った。

「２％落ちたな。もう十分だ」

　そして、数年来ここで働いている英国人オーエン・ウィルソンのほうを振り向いた。耳に電話の受話器をあてていたウィルソンが、シカゴ・マーカンタイル取引所の相場を大声で伝えた。ニーダーホッファが、

「１８７５の価格で１５０枚買え」

　と言うと、ウィルソンは買い注文を出し、さらに数字を大声で言う。再びニーダーホッファが買いの指示を出し、ウィルソンは数分の間に、数千万ドル分の株式先物を買った。

小銭でも勝ち取ることが好きだった

　ニーダーホッファが金融に関する最初のレッスンを受けたのは、ブルックリン、ブライトンビーチでの子供時代だった。「皮肉屋アービング」とか「ブーキー（胴元）」とか「弱

虫フィル」というあだ名の大人たちや、地元の子供と一緒に、ストゥープボールやパドルボール、チェッカーズ（それぞれ野球、スカッシュ、はさみ将棋に似ている）に賭けることを覚えたのだ。

彼の父アーティーは、ニューヨーク市警に20年間勤めたあと、ジョン・ジェイ・クリミナル・ジャスティス大学で社会学の教授になった。彼は息子のギャンブルを止めさせようとしたが、できなかった。

「言ってみればゲームだったのだが、親父はギャンブルを嫌ったね。でも私は、たとえ小銭でも、勝ち取ることが好きだったんだ」

当時中学生だった叔父のホウイーに勧められて、プロスポーツにも賭けた。'51年10月、ヨムキップル（ユダヤ教の休日）の日。ホウイーと8歳のビクターは、ユダヤ教会堂を抜け出して、ニューヨーク・ジャイアンツとの優勝決定戦にのぞむブルックリン・ドジャースに800ドルを賭けに行った。ボビー・トンプソンがホームランを打って、ドジャースを下した時、ホウイーとビクターはすっかり打ちのめされた。2ドルがビクターの取り分として残っても、何の慰めにもならなかった。

ニーダーホッファによれば、中世までさかのぼれば、彼の家系は両替商に行き着くという。19世紀末、父方の曾祖父が、オーストリアからニューヨークのロウワー・イーストサイドに移住した。7人の子供がいて、そのうちの何人かは、馬車に積んだ果物を道端で売っていたそうだ。

ニーダーホッファの祖父マーティーは、数字に強く、会計士になった。

1920年代の好況期、マーティーは金を借りて不動産と株に投資し、資産は合計100万ドル近くになった。だが、'29年10月の株式市場の暴落で、富の大部分を失い、2年後に市場が瓦解したため、残された財産も消え去った。

イディッシュ語（世界各地のユダヤ人が用いる言語）と混成スペイン語を話すマーティーは、ブルックリンの裁判所で通訳の仕事に就いた。しかし、株式売買への興味は失わず、'54年、ビクターの最初の株式投資に資金援助をした。その時はベンゲット工業の株を100株買ったのだが、1株は50セントだった。

株価がまるで動かない数年間が経ったあと、わずか数ヵ月でその価値が倍増した。マーティーのアドバイス通りに株を売り、50ドルの利益を手にした。しかし、その後の36ヵ月間、株価はさらに上昇して1株30ドルに達した。

《私は小さな利益に飛びつき、切りのいい数字で売ってしまうという間違いを、投機人生

の中で何度も犯した》

ニーダーホッファは'77年に出版された『投機家の育成』と題する回顧録に、そう書いている。

一番になれと駆りたてられた

一方、パドルテニス（木製のラケットとスポンジボールで行う競技）の選手としては、6歳ですでに練達のプレーヤーになっていて、試合では相手に15ポイントのハンデを与えるほどだったという。

13歳の時、ニューヨーク市のジュニアシングルテニス大会で優勝したが、相手は17歳だった。学校では、彼の競争心はさまざまな反応を引き起こし、教師は彼に宛てた手紙にこう書いた。

《君はクラスが必要としている〝火花〟だ。君には熱中する心がある。けれども、人より優れているところを見せたいという気持ちをもう少し抑えたほうがいいだろう》

オーシャンパークウェイにあるエイブラハム・リンカーン中学では、ニーダーホッファはクラスの委員長で、テニスチームの主将、数学チームのスター、オーケストラのピアニスト、バンドのクラリネット奏者、校内新聞のスポーツ・エディター、校内誌ヴァンガードの常連寄稿家であった。校内誌の'58年6月号に載った記事の中で、ニーダーホッファは、《労働者に取って代わるオートメーション・システムが出現したのだから、これまでの組合の反抗的な態度は、徹底的に見直されなければならない》と書いている。

その5ヵ月後には、のちには否定する政府介入の見解を並べたてた。

《もし、我々の民主主義に本当に意味があるとするならば、教育機会の平等のため、連邦政府から援助の申し出があった時は、それを断るわけにはいかないだろう》

ニーダーホッファの父親は、息子がスポーツと学芸の両方に力を入れるのを応援した。先祖代々、ユダヤ教のラビの家系である母親イレーンは、ビクターのみならず、今はファンドアドバイザーになっている弟と、精神医学のソーシャルワーカーになっている妹をも、成功へと導いた。

「母はなかなか満足しない人でね。我々を一番になれと駆りたてたんだよ」

'60年1月、母親に促されるようにして、ニーダーホッファはハーバード大学を志願した。家庭教師兼テニスコーチだったミルトン・ヘクトは、推薦状にこう書いている。

《ビクターはこの30年間に私が教えた数千人の中でも、最も成績優秀で、将来性がある学

生だ》

ニーダーホッファはハーバード大に進んで経済学を専攻し、大学から奨学金が与えられた。

しかし、進学後は、教室より、スカッシュのコートで過ごすことのほうが多くなった。それまで、彼はスカッシュ（当時の呼び名ではスカッシュラケット）をやったことがなかったが、このゲームの肉体的な厳しさが性に合ったようだ。ワイドナー記念図書館からスカッシュに関する本をすべて借り出し、そのうち何冊かをコートに持ち込んで広げ、そこに書かれている動きを練習した。

'62年、大学2年生の時に、彼は全米の大学スカッシュラケット協会ジュニア部門で優勝する。翌年には、アマチュアの権威ある競技会ハリー・カウルズ・トーナメントで優勝。ハーバード大でのコーチ、ジャック・バーナビーは'63年1月、校内誌のハーバード・スポーツ・ニューズ・アンド・ビューズの取材に、「彼と同じ特性は多くの選手にもあるが、滅多にないのはその競争心の強さだ。まるで、タイ・カップ（強打者で知られる大リーガー）の一撃の再来だ」と語った。

'63年から'64年にかけて、ニーダーホッファはハーバード・スカッシュチームの主将になり、無敵を誇った。彼は全国学生選手権の個人タイトルも獲得、その攻撃的なプレースタイルにスポーツ・イラストレーテッド誌の記者も注目して、こう書いた。

《ニーダーホッファは負けるはずがないと思っているから、自分の打った球が思う通りにいかないと大声を上げて騒ぎたてる。だから、珍しく負けた時は、スカッシュのファンはかえって大喜びすることになる》

新入生時代のコーチ、コーレー・ワインからは、ニーダーホッファの癖――競技相手を物理的にボールからブロックする――についてコメントを引き出している。ニーダーホッファの母親はその記事を読み、ニューヨーク五番街の弁護士事務所コーン＆グリックスタインに相談した。スポーツ・イラストレーテッドを告訴しようとしたのだ（結果的に弁護士のアドバイスに従い、彼女は告訴をしなかった）。

'66年2月、ニーダーホッファはついに全米アマに優勝して、頂点に立った。スポーツ・イラストレーテッドとタイムの両誌は、大会に記者を特派したが、ニーダーホッファは記事に満足しなかった。彼はタイムに宛てた手紙で、《そちらの記事には全国アマの試合で、私が負けたら2倍返しにすると言って知人に賭けさせたと書いてあったが、そういう事実はない》と反論した。タイムのエディターは、記事を擁護して、「信頼すべき情報源によるものだ」と答えた。それに満足できず、ニーダーホッファは両誌の親会社タイムライフ社の首脳に、再度手紙を書き、《記事は、貧しい出自であるため、私がスポーツの過酷な一場面で品のない対応をしたという印象を与える》と抗議した。

ニーダーホッファの成功を伝える報道記事には、階級的、あるいは人種的な偏見の臭いが染みついていた。彼はイーストリバーの川向こうの出身で、マナーが悪い成り上がり者だと見なされていたのだ。ニューヨークタイムズ・マガジンに至っては、こう書いた。《スカッシュの選手には適さない身体だ。しなやかな強さがなく、背も高くないし、優雅さがない。まるでコンクリートブロックのような身体だ。肩幅はかなり広いが、ウエストはずん胴で、脚の形もずんぐりとしていて良くない。血色が悪く、ニューヨーク市街の住人にありがちな、牡蠣《かき》のような土色をしている》

'64年に、大学院に進学するため引っ越したシカゴでは、彼を迎え入れるスカッシュクラブはなかった。ニーダーホッファは深く傷ついて、その後数年間、スカッシュをやらなかった。

'72年にコートに復帰すると、4年連続で全米アマを制覇。それは前例のない偉業であった。

'75年1月、メキシコシティーで、伝説的なパキスタンの選手シャリフ・カーンを4試合ストレートで破り、メジャーなプロ・トーナメントである北米オープンを制した。試合後のニーダーホッファは礼儀正しさからはほど遠く、スポーツ・イラストレーテッドにこう語った。

「カーンのプレースタイルはなっていない。本当のタフさを持ち合わせていないし、長く勝ち続けたせいか、死にもの狂いの戦いというのがどんなものかが、もう分かっていないようだね」

悪いシステムでも、ないよりはまし

さて、コネティカット州のトレーディング・ルームに戻ろう。

正午を少し過ぎた頃、インターコムからハウスキーパーの声が聞こえてきた。

「昼食がご用意できました。召し上がりますか？」

「いらない」

ニーダーホッファはそう返事をした。そして、

「マーケットがこの有り様では、昼めしを食う気も起こらん」

と言って端末を見る。

「ヨーロッパは全滅だな」

と誰へともなく言う。彼はモルガン・スタンレーが顧客に伝えた弱気な分析に、いら立っていた。

「大きな証券会社というのはコミッション（手数料）で稼いでいるのだから、客に売ったり買ったりさせなきゃならないのにな」

と見下した調子だ。

ウォール街にある証券会社と異なり、マンチェスター・トレーディング社はトレーディング・ルームにテレビを置かない。気を散らされたくないだけでなく、「市場は滅亡間近」とまくし立てるマーケット・コメンテーター――週刊金融情報誌バロンのコラムニスト、アラン・アベルソンや、エリオット・ウェーブ・セオリストの発行人であるロバート・プレクター・ジュニアなど――に我慢がならないせいだ。ニーダーホッファは怒る。

「連中はダウ指数が700程度だった大昔から、ずっと悲観的なんだ。市場が上向くとお呼びはかからないが、下がると呼び出される。'97年に似ているとか、'87年の再来だとか、いや2002年だとか。じゃあ、1907年はどうなんだ。当時も利子率は高く、市場は50％も下落したんだよ」

午後1時過ぎ、市場は当日最安値を記録した。ダウは125ポイント下落し、S&P500は14ポイント落ちた。

金融市場というのは、実に奇妙なものだ。値動きがあまりない静かな日は、取引所の終わりの鐘が鳴るまでそのまま時は流れてゆくように見えるが、ひとたび市場が不安定になると、その動きのひとつひとつが利益と損失をもたらし、時間が飛ぶように進んでいくのである。カオス理論を金融市場に初めて適用した数学者のブノワ・マンデルブロは、この現象を「トレーディングタイムのマルチフラクタルな性質」と呼んだ。

ニーダーホッファがカスタルドのほうを振り向き、「今日はまだ終わらん」と言った。「ハカセ、市場が午後1時に14ポイント下げて、その前の2日間も、かなり下げている時、次は何が起きるかね」

数分後、カスタルドはコンピュータからプリントアウトしたペーパーを彼に渡した。「多くの場合、こういう情報はあまり役に立たない。しかし、気持ちのよりどころにはなるんだよ」

そう言って、ニーダーホッファは書類に目を通す。

「我がチェッカーゲームの先生が言うには、悪いシステムでも、ないよりはましだそうだ」

そのデータによると、2000年11月から'02年9月の間に8回も、今回の3日間にわたるパターンをなぞるような動きがあったという。多くは、それに続く72時間の間に、市場が強く反騰した。ニーダーホッファはオーエン・ウィルソンのほうを向いて、

「1150の価格で、あと50枚買う」

と言った。ニーダーホッファの投資哲学では、長期的には市場は上昇するが、短期的には絶えず逆転するという。

'03年に出版された2冊目の著書『実践的スペキュレーション——失敗と成功の戦略』(邦訳は現代書林刊)の中で、彼は投資家の習性を、自分の足跡を何度も引き返してたどり直す、猛《たけ》り狂う象の群れに譬《たと》えた。1930年に出版され、西アフリカの慣習と野生生物の生態を描いた『ロバゴラ　あるアフリカ未開人の自叙伝』の著者バタ・ロバゴラからとって、このパターンを「ロバゴラ」と名付けた。

出版後、ロバゴラが、実はボルティモア出身の寄席芸人であり、親は奴隷の身分だったことが判明した。'04年、デイリー・スペキュレーションズ・ドットコムに、ニーダーホッ

ファはこう書いた。

《遺憾なことに、ロバゴラは詐欺師だった。そのペテンにもかかわらず、上がったり下がったりという市場における大変動は、やはりロバゴラを想起させるのである。詐欺師ではあったが、いや、むしろ詐欺師だったからこそ、大きくて対称的な上下動には、ロバゴラの名が与えられるべきであろう》

ニーダーホッファは、ダウ・ジョーンズやS&P500に関して、翌週や翌月の値動きは読めないが、数時間とか数日というもっと短い期間なら、時には有効なパターンを予測できるという。自著『投機家の育成』の中の1章分すべてを、市場の動きと彼が好むクラシック音楽との比較にあて、株価チャートと楽譜を並べて、こう書いている。

《市場が私好みにとても優しく、買値を割ることなく動いている時は、『鱒』（シューベルトのピアノ5重奏曲）を思い出す。市場からしばしば聞こえる曲には、ほかにハイドンの交響曲94番がある。昼食の直後や休暇前の市場は、開始時の値から5ポイントほどの幅で上下して、ジグザグに動く傾向がある。そのパターンは、ハイドンのハ長調交響曲に見られるような、きらめきに似ている》

'80年代初頭、投資家と話をする場に、ニーダーホッファはクラシックのピアニスト、ロバート・シュレイドを時々同伴した。ニーダーホッファが自身のメソッドを話したあとで、シュレイドが市場のリズムをピアノで表現したのだが、この共演がいつでも投資家を感動させたわけではなかった。

「カリフォルニア州の職員年金基金などは、ビクターに投資はしないだろうし、それはハーバード大学基金も同じでしょう」

こう語るのは、'70年代からニーダーホッファを知るマウント・ルーカス・ファンドの共同経営者ポール・デローザである。

「プロのコンサルタントのアドバイスを受けているような保守的な基金は、彼とはあまり関わり合いにならない。ニーダーホッファのファンドは、同じような一匹狼で、たたき上げの連中に受けるんですよ」

金儲けには創造性が必要

'07年夏、ニーダーホッファは北カリフォルニアにあるセコイアの森を訪れたが、そこで樹の生態学に魅了された。関連書を何冊も買い込み、樹木について学んだ知識を株式市場に適用して、自らのウェブサイトにこう書いた。

《2番目の教訓。災害のような出来事であっても、森はそこから恩恵を受け、成長する。火事は藪《やぶ》を焼き払う。それでもなお屹立《きつりつ》する樹木は、植物や動物群を保護する。他の植物や菌類が生き残るための栄養素と水分を、木々は宿しているのだ。科学者が〝生態学的遺産〟と呼ぶこの様相は、神からの贈り物だ。昨年、市場が目の当たりにした株価急落は、下落に対する反発力と合わせて、システムの健康を測る良い物差しになるだろう。大打撃を受けたアメリカの不動産市場や、75％も下落したサウジアラビア市場のように、いくつかの市場が死に瀕したけれど、それは将来の成長にとっては良いことなのである》

この記事を書いたあと、ニーダーホッファは読んだ本を、社員の一人で、元物理学教授だったチャールズ・ペニングトンに渡し、森と企業のライフサイクルに関する数字を比較してくれないかと頼んだ。もしかすると、利益が出る投資のヒントがそこに隠れているのではないかと望みをかけたのだ。

ニーダーホッファのもとで仕事をする人たちは、彼のそのような注文には慣れていた。

「信じられないほどうまくいく時もあれば、まるでうまくいかない時もありますよ」

昼食をとるため、1階のダイニングルームに向かう途中、スティーブ・ウィズダムは、私にそう言った。

ダイニングルームの隣はライブラリーで、そこには、アダム・スミス『国富論』の初版や、余白にトーマス・ロバート・マルサスの書き込みがあるデヴィッド・リカード『経済学および課税の原理』の古書など、ニーダーホッファのコレクションが置かれている。

身だしなみがいいウィズダムは、現在46歳。25年前に、ニューヨークでニーダーホッファに出会ったのだが、当時ウィズダムはハーバード大学で哲学を専攻、大学のリバタリアン（自由意志論者）クラブの会長だった。

「意気投合してしまったというわけさ」

とウィズダムは言う。'83年に大学を卒業すると、'97年にニーダーホッファが失敗するまでの14年間、彼のもとで働き、その後、'03年にここに戻った。

「今や誰でもコンピュータを持ち、どこかで取得した数学の博士号を持っている人も少なくありません。データを四方八方、あらゆる角度から料理してみせる人もいます。しかし、金儲けというのは簡単ではないんですよ。創造性が必要なんです。ビクターはよくこう言いますね。『もし私に何の知識もないとしたら、もしこの計器を買っていなかったとしたら、一体自分はどう考えただろうか』とね」

マンチェスター・トレーディング社の3つのヘッジファンドは、現在の基準から言えば、どちらかというと小ぶりだ。6月末の時点で、3つ合計の総額は約3億ドル。そのうちの半分が、ニーダーホッファとウィズダムのものだ。

'03年と'04年に、ファンドの価値は年間40%の伸びを示し、'05年には最大のファンド、マタドール（闘牛士）が56%も上昇、ニーダーホッファはオルタナティブ・インベストメント・ニューズ社から、同年のヘッジファンド産業賞を授与された。

'06年は横ばい。しかし、'07年の最初の6ヵ月にまた、計30〜40%上昇した。

ニーダーホッファは、自分の攻撃的な投資手法と借入金に依存している体質を挙げ、リターンの不安定さと、将来的な損失の危険性が増していることを認めた。

'06年5月、マタドールはその価値の30%を失い、'07年2月には、さらに下落した。多くのヘッジファンドは、少ないリスクでのハイリターンを謳《うた》っている。しかし、ニーダーホッファは、一緒に投資しようとする友人には、「きわめてリスキーだ」と打ち明ける。彼の顧客の大部分は、大富豪や金融機関である。彼はこう言う。

「巨額の富を、着実なやり方で、しかも乱高下もなく手にできるなんていうのは、作り話ですよ。1年で40%とか50%という利益を狙うのなら、大変動は覚悟しなければならないでしょうね」

午後3時に、ウィズダムと私が昼食を終えて2階に戻ってみると、ニーダーホッファはトレーダーの一人、ダンカン・コーカーとテニスをしていた。しかしすぐに戻ってきて、デスクに座り、「室内では靴の着用は禁止」というルールを無視して、Tシャツ、テニスショーツ、スニーカー姿でこう言った。

「市場は3時から終値まで上がるはずだ。見ていよう」

ウィズダムと私が昼食をとっている間に、ダウは安定していたが、ニーダーホッファはその日早くに買った株式先物をいくらか売っていた。

「このビジネスで最悪の間違いは、能力以上のことをやることだ。この機会にエクスポージャー（市場の価格変動リスクにさらされている資産の度合い）を減らしたのさ」

短期の投資以外に、彼はプットオプション（ある商品を一定の価格で、決められた期間に売る権利）をよく売っていた。通常、その買い手は他の投資家で、彼らのポジションをヘッジするためのものであるため、市場が急落した時は、巨額の出費を強いられる。ある意味、ニーダーホッファは保険会社のように行動していた。つまり、オプション価格というプレミアムと引き替えに、市場崩落のリスクを引き受けていたのだ。これはいいビジネスになった。しかし、市場が不安定になれば、いつでも彼は大きな危険にさらされることになる。

「彼にとっては、自分自身が最悪の敵なんですよ」

作家で、デリバティブのトレーダーでもあるナシム・タレブが、ニーダーホッファを評してそう言った。

「私が会った中で、彼は最も頭脳明晰な人物の一人ですが、誰もスキルを持たないオプション売りで、時間を無駄にしていると思いました。彼はそうやって、自身を破滅の瀬戸際に置いていたんです」

取引の終幕である午後4時が近づいた。ニーダーホッファに格別がっかりした様子はなかったが、ダウはまた約120ポイント下がった。彼はその時、ロバゴラのパターンが見えたと思ったに違いない。

「明日の相場は凄く強気になるはずだ。もっと先物を買うよ」

個人生活は複雑だった

市場の動きに関するニーダーホッファの理論は、大学時代に原点がある。

'64年、ハーバード大学の4年生の頃、彼は学位論文で株式市場のパターンについて書いた。当時、株価はランダムに動くから予測はできないという、いわゆる「効率的市場仮説」が流行していた。ニーダーホッファは、取引量とその後の値動きに関するデータを引用して、「ランダムモデルは当てにならないという証拠を見つけた」と主張した。彼の議論は、指導教官であったエコノミスト、ロバート・ドーフマンを十分には納得させなかったが、大学院への進学許可を得ることには役立ち、'64年9月、シカゴ大学経営大学院に入学した。彼はそこで何編かの研究論文を書き、株式市場の値動きを予測することができると論じた。

彼は「金曜日よりも月曜日のほうが市場は荒れる傾向がある」という証拠を見つけ出した。数人の教授は、「効率的市場仮説」に好意的で、ニーダーホッファと彼らの関係はしばしば喧嘩腰であった。彼はこう振り返る。

「あるセミナーでは、市場はランダムだと語る連中に対して、『価格変動の構造を説明する方法が、あまりにも厳密すぎる』と私は批判したのだが、その部屋にいた教授全員がその対象者だった。さらに、『仮説の否定に失敗している』と警告してやった。つまり、『価格変動にパターンが存在しないというだけでは、方法論的に言って、価格がランダムに動くという結論を支持するには不十分である』とね。『否定命題は証明不可能』と専門用語で言ってやったら、彼らはもう大混乱だったよ」

ニーダーホッファは、今で言うところの行動経済学の提唱者で、当時としては非正統的なその理論で、多少なりとも学界の有名人になっていた。

'69年、彼はカリフォルニア大バークレー校に助教授として雇われ、数百人の学生が彼の金融講座の受講を希望した。しかし3年後、受講希望者は激減した。彼は言う。

「正直言って、うまくやれなかったね。いい教師になろうなんて思いは私にはなく、自分自身の考えにこだわってしまったから。年収は9000ドルだった。スカッシュをやり、研究をやり、ビジネスもかじっていた。やりすぎだったよ」

ニーダーホッファは結婚もした。相手はブリンマーカレッジ出身のゲイル・ハーマン。彼女とは、ハーバード時代の友人でもあるエコノミスト、リチャード・ゼックハウザーの結婚式で出会った。

'70年代初頭、アカデミズムを断念したニーダーホッファは、ゲイルと一緒にニューヨークに移った。彼はそこで投資銀行を始め、小さな家族経営の会社を大きな株式会社に売却する手助けを行うようになった。

事業は大当たりし、ほどなくしてニーダーホッファとパートナーのダン・グロスマンは、自分たちで会社を買いとって経営することにした。買った会社の中には、アーモンドのペーストをパン屋に売るブルックリンのアメリカン・アーモンド社や、フロリダの請負業者で飛行機や船舶用のナビゲーション機器を作るテックコム社があった。

弁護士の教育も受けたグロスマンが最近、思い出を語った。

「私は当時、会社を数社経営していまして、ビクターは2~3年おきにそこを訪ねてきては混乱を引き起こしていました。彼は『この会社に必要なのは販売だ。調査や事務的な仕事はもうどうでもいい。商品を売ることに集中してほしい』というようなことを言って、消えてしまうんです。残った私は、『彼の言ったことは気にするな。ビクターはビクターなんだから』と社員をなだめたものです」

'70年代の終わりには、ニーダーホッファとゲイルの間に二人の娘ができた。ビクトリア朝の博物学者で、回帰分析の発展に寄与し、優生学という言葉を作り出したフランシス・ガルトンから名前をとり、ガルトとカティーと名づけた。

'81年にニーダーホッファとゲイルは別居し、彼はアシスタントのスーザン・コールと付き合い始めた。そして、'91年にスーザンと結婚し、4人の娘、ランド、ビクトリア、アーテミス、キラをもうける。ニーダーホッファの息子で1歳半になるオーブリーの母親は、ローレル・ケナー。彼女はブルームバーグの編集者で、二人は'99年に出会った。「私の個人生活は、ルパート・マードックより複雑だよ」とニーダーホッファは冗談めかして言う。マードックには、3人の女性との間にもうけた6人の子供がいるのである。

ニーダーホッファは、ガルトとカティーがまだ小さい頃、株式市場への投資に真剣に取り組み始めた。'79年には、貯めていた金を利用して金融取引の仕事をほぼフルタイムで始め、ミッドタウンにオフィスを開いた。

「幸運だったね。18ヵ月で、5万ドルを2000万ドルにできたのだから。インフレになると予測して、財務省の債券を売り、金と銀を買い続けたんだ。長い間、それでうまくいったよ。

ある日、スタテン島で、のちに全米チャンピオンになる男とラケットボールをしていたんだ。第1試合を終えたあと、オフィスに電話をして市場の動きを聞いたら、1時間の間に、金価格が850ドルから600ドルに下落していた。手元にある金の価値は、1000万ドルに落ち込んでしまった。そこからだよ、ブライトンビーチでの経験が役にたったのは。

私はたくさんのギャンブラーが、破産するのを見てきた。父は『お前もほかのギャンブラーのように、最後はバワリー通り（当時はアル中と貧民の街区）行きだ』とよく言っていたものだ。『オヤジ、俺にはシステムがある』と言うと、父はこう言った。『そんなのは戯《ざ》れ言《ごと》だ。バワリーをうろつく連中は、お前以上に統計やシステムに頼っていたんだ』ってね。その言葉が心に残ったよ。だから、のちに私の妻になるアシスタントに、こう言ったんだ。『元手の半分以上をすってしまったら、持ち高のすべてを処分してくれ。もう私に取引はさせるな』とね。

ラケットボールの試合を再開して、その第2試合をやっている間に、彼女はすべてを売り払ってしまった。その頃には、1000万ドルが500万ドルに減っていた。しかし、少なくともその金を持って、私は抜け出せたわけだ」

年平均30％のリターン

'70年代末のウォール街は、今よりずっと、テクノロジー的には素朴な状態にあった。ポール・デローザが回顧する。

「あの頃は、連立2次方程式が解けたら、もうハイテク人間ですよ。ビクターのように定量分析ができる人間は珍しかった。そういったことが彼の大変な強みだったんです」

’81年、ジョージ・ソロス——すでに富裕な投資家ではあったが、その年はパッとしなかった——が、短期の市場動向を予測するニーダーホッファの評判を聞きつけて、ニーダーホッファのオフィスを訪ねてきた。ソロスは彼に好感を抱き、それなりの額の資金を委《ゆだ》ねた。

市場に魅せられている点で、二人は共通していた。彼らは親密になり、毎日のように電話でやりとりし、チェスやテニスを週に何度かプレーする仲になった。

「私は父が亡くなったばかりだったし、ジョージは苦労していた。彼は新たな鉱脈を必要としていて、私がそれを与えたんだ」

’80年代半ばになる頃には、ニーダーホッファは、ソロスが行っている投資の管理をかなりの範囲で任されていて、その額は何億ドルにも達していた。

’87年10月20日、火曜。ダウが５０８ポイントも下落した翌日、ニーダーホッファとソロスはいつものようにテニスをしていた。二人ともその暴落で巨額の金を失い、ニーダーホッファは頭の中が真っ白になった。しかしソロスは冷静で、ニーダーホッファに「心配するな」と言った。「明日、市場が再開すれば、損失を取り返すチャンスは何度も巡ってくるだろうから」と。

その後の数年間、ニーダーホッファのファンドは、年平均約30%のリターンを生み、彼らは業界トップに迫った。'94年、ビジネスウィーク誌は、ニーダーホッファを「全米最強の商品ファンド・マネージャー」と紹介した。

その1年後、彼は二つのヘッジファンド、ニーダーホッファ・インベストメントとニーダーホッファ・インターナショナル・マーケットを開始した。しばらくの間は、寝る間もなかった。昼間は欧米の株式と通貨を取引し、夜は日本円を売買した。新興市場にも投資し、トルコの債券とメキシコの株式取引で成功をおさめた。

稼ぎ年だった'96年の年末にかけて、ニーダーホッファは、多くの者が成長市場と見なしていた東南アジアへの投資を決めた。旧友で、その頃は電気も電話もなしに1年間の半分をカリフォルニアの砂漠で過ごしていた獣医のスティーブン・キーレイを、東南アジアへ派遣した。彼には数多《あまた》の国を徒歩で縦断した経験があった。ある旅では、アマゾン川を下る途中でマラリアに罹《かか》り、一時期目が見えなくなり、1週間昏睡状態に陥った。

途上国の経済的展望を測定するには、トップ企業のCEOに会うだけでなく、捨てられている煙草の長さ（富裕な人の吸い殻ほど長いという理論）や売春宿の調査も含まれる、と彼は信じている。アジアで数ヵ月過ごしたあと、キーレイは《バンコクの売春宿は最近ずいぶんきれいで安全になっており、タイは投資先としては非常に有望》とレポートした。

それ以前の10年間、タイ経済は年率10％に迫る成長を見せていたが、周辺の国にくらべて利子率は低く、株価も安かった。

'97年春、ニーダーホッファは数億ドルをタイに投資した。タイの大企業の株式を買う代わりに、彼はウォール街の投資会社との複雑な取引関係に入り、タイの株価と連動する先物契約を買った。先物買い入れのための証拠金の比率は、株式購入のそれよりはずっと低かったため、彼は借入金を実質的な持ち分に加算して、現金は比較的小さな額ですませることができた。

しかし、5月と6月はアジアの金融市場が売り一色になり、タイは特に打撃を受けた。多くの海外投資家は、資金を引き上げようとし、タイ政府の外貨準備金は底をついた。

7月2日、タイバーツとドルの固定相場制は、やむなく放棄された。タイ通貨は崩落し、株式市場も同様に崩れ去った。ニーダーホッファがタイで持っていた金融資産の価値は90％以上も下落。金の貸し主たちは、追加担保による保証を要求し、それに応えるため、彼は利益が出ているファンドも犠牲にしなければならず、結果的に彼のファンドは枯渇した。スティーブ・ウィズダムが回想する。

「我々は免疫不全の人間のようでした。あまりにも損害が大きく、ほかの病気への抵抗力が残されていなかったんです」

自信過剰が没落の一因

タイの株式を除けば、ニーダーホッファが最も力を入れていた投資先は、アメリカ先物市場だった。当初、アメリカ市場は、アジア危機をうまく切り抜けていた。しかし、'97年秋、不安定さが増した。

'97年10月27日、ダウは500ポイント以上も下落し、近年では初めて市場は早仕舞いした。

広がるパニックの中で、ニーダーホッファは出資者からの電話をさばいていた。レフコを含む大規模な商品ブローカーは、彼のオプション・ポジションを支えるための追加金を要求してきた。しかし、ニーダーホッファにはキャッシュが足りなかった。翌日、レフコはポートフォリオを清算した。ニーダーホッファが言う。

「タイに投資するという決断は、非常にまずかったということだね。投資のための科学的根拠なんて、なかったから。米国市場では、大暴落のあとに投資するのは、タイミングとしてはいいという考え方があるが、タイにはそういう統計的な証拠はなかった。定性的なデータしかなかったんだ。私は、ソロスが同じことをやって大儲けするのを何度も見てきたよ。しかし、私には無理だった。以前、トルコの債券とメキシコの株式では、オーソドックスなやり方で儲けた。それで、安全に関する間違った考えを持ってしまったのかもしれないね」

この話をしていた時、我々はマンハッタン東50丁目のビルの外に置かれたベンチに座っていた。そのビルには、ローレル・ケナーが住んでいて、ニーダーホッファがニューヨークを訪ねる時は、たいていそこに泊まる。

彼はベンチで有機栽培のレモンを使ったレモネードを飲んでいた。私は「自信過剰が、あなたの没落の一因なんですか？」と聞いた。彼はこう答えた。

「そうだ。そう言えるだろう。あの頃、いつも望んでいたのは、きみこそナンバー1だと評価されることだった。カナダにあったフリードバーグという会社の成績が、その年は良くて、遅れをとるまいと思ったのさ。いつも負けず劣らずの関係だったからね」

ニーダーホッファはしばらく沈黙したあと、早口に喋り出した。

「理由なんて、いくらでも言えるさ。立ち止まらなかったからとか、投資する国を間違えたからとか、流動資金が不足していたからとか……。財政的に、我々には弱点がありすぎた。顧客が金を引き上げるなんて、想定していなかったね。しかし一番反省すべきなのは、投資先に関する知識がなかったことだ。投資先の国に行ったことすらなかったんだから。私がやったのは、スティーブン・キーレイに、売春宿を取材するための旅行資金を与えたことくらいだったんだ」

成功するには規律が必要だ

自分のファンドをたたんだあと、ニーダーホッファは酷い鬱に陥った。フィルム・プロデューサーで、作家でもある長女のガルトは、マンハッタンに住んでいて、当時はよく、ニーダーホッファをロングアイランドの浜辺に連れ出したが、砂浜にひざまずいた父親が、まるでゾンビのように見えたと振り返る。

「単なる鬱じゃないのよ。もの凄い自己嫌悪と絶望に沈んでいるの。みんなを幻滅させてしまったと思い込んでいたみたい。心底、恥ずべきことをしてしまった、と。それなりの家の出身で、しかも警官の息子でしょう。家族のために営々と築き上げてきたものを、みな失ってしまうことって、あなたは想像できますか？」

ニーダーホッファは資産の一部を何とか確保した。コネティカットの屋敷を抵当に入れ、銀製のカップや贈与品、稀覯本《きこうぼん》などコレクションを売り払って、債権者に返済した。彼はこの無為の期間を、自身の投資法の再考と、ソフトウェアの改善にあてた。そして半年後、自己資金数十万ドルで、取引を再開した。

「証券取引の口座がなかったが、証券ブローカーは、通常の条件では決して私と取引をしたがらない。顧客も誰一人、私と一緒には口座を開かなかったよ」

'99年と2000年に良い結果を出し、'02年に海外に投資するヘッジファンド、マタドールを立ち上げた。最大の投資家は、スイスに本拠を置くヘッジファンドのオクテインで、その最高投資責任者のムスタファ・ザイディは、ニーダーホッファとは昔からの友人であった。

最初、マタドールの規模は1000万ドル以下だった。2年目には41%のリターンを生み、その結果、ニーダーホッファは'97年に失敗させた投資家からのものを含めて、より多くの資金を引き寄せた。それらの投資家からは、多額の手数料は取らなかった。

その後、彼は、さらに2つのファンドを立ち上げるために十分な資金を得た。'03年2月には、数年来のデート相手であるローレル・ケナーと共著で、熱心な投資家のためのマニュアル本『実践的スペキュレーション』を出版した。

その年、彼は妻のスーザンと別居。'04年にはローレル・ケナーと二人で、「科学的手法、自由市場、価値の創造、そして笑い」に献身すると謳ったデイリー・スペキュレーションズ・ドットコムを立ち上げた。

以来、そのウェブサイトは、一般的な投資家と向上心に燃える投資家との間の、非公式なソーシャル・ネットワーキング・サイトとして発展してきた。ニーダーホッファの取引に投資したことがあり、定期的にサイトに寄稿しているジェームズ・ラッキーが言う。

「サイトを通じて、たくさんの友人に出会いました。ビクターはその中心になる〝ハブ〟的な存在でしたね。彼は多くの人間関係の中心にいて、我々に議長と呼ばれていました。みんなの歩調を合わせるのは、まさに彼だったんです」

'06年4月、ニーダーホッファは、セントリージスホテルでの晩餐会に出席した。ヘッジファンド業界向けのニュースレター、マーヘッジが、彼を商品ファンド部門でのトップマネージャーに選び、その表彰式が開かれたのだ。

7月、ニーダーホッファは私にこう語った。

「誇りに思うのは、手数料を控除したあとでも数億ドルの利益を出し、投資家に彼らの投資額をはるかに上回る金額を返せたことだね」

ニーダーホッファとそのファンドが勢いを増すにつれて、古くからの友人や同僚は、「彼は投機の達人だ」と考えるようになった。ポール・デローザはこう語った。

「ビクターのような軌跡をたどれば、必ず行動が変わります。彼はリスクに対してより敏感になり、より適合するようになりました。教育費は高かったけれど、大事なのは、それが無駄金にはならなかったということですよ」

もとは金と銀のトレーダーで、ニーダーホッファのウォール街時代のメンター（良き助言者）であったニューヨーク証券取引所会長、ポール・レデルはこう言う。

「トレーダーとして成功するには、規律が必要ですね。従うべき戦略がなければだめだし、状況がいつ悪化するかを知る柔軟さも必要でしょう。失ってもいい限度を超えてまでは進まないということも、わきまえておく必要があります」

ニーダーホッファにその能力はあるのかと、私はレデルに訊ねた。彼はこう答えた。

「今なら、あるでしょう」

投資家であることの誇り

ニーダーホッファはマンハッタン西44丁目にある「ニューヨーク市の技術者・商人の一般組合」（独立戦争終結直後の１７８５年に設立された、由緒ある業界団体）で、毎月第１木曜日に催されるリバタリアンの集まりを主催している。

'07年６月初旬のある木曜、およそ70人が組合の図書室に集まった。朗読台には白い帽子をかぶった年配の女性が立っている。彼女がクリストファー・ヒッチンス（文芸評論家。ジョージ・オーウェルを信奉する無神論者）の著書『神は偉大ならず』について熱心に話すのを、人々は聞いているのだった。あごひげを生やした中年男性が、続いて朗読台に立ち、客観主義（資本主義的価値観を徹底擁護する考え方）を提唱した作家、アイン・ランドについて話した。

この集まりは誰でも参加することができ、ニーダーホッファは、部屋のうしろのテーブルに腰かけ、足をぶらぶらさせながら、誰彼の区別なく発言を促していた。

彼はこの集会を、「ジャントー・クラブ」――ベンジャミン・フランクリンが１７２７年にフィラデルフィアで始め、30年後には米国哲学協会になったクラブ――にならって、

「ニューヨーク・ジャントー」と呼んでいる。

ニーダーホッファのジャントー・クラブは気楽なものだが、彼は「投機とリバタリアニズムは補完し合うものだ」と真面目に考えている。彼のウェブサイトが言明しているように、ニーダーホッファは《人生の目的は幸福と業績の探求にあり、自由意志にもとづく取引というのは、自由と平和の鍵だと信じている》のである。

'89年のウォールストリート・ジャーナルの署名記事の中で、彼は《投機家がいくつか重要な経済的機能を果たしている》と論じた。商品が希少になると投機家は値をつり上げるが、それは企業家には増産を、消費者には買い控えを促して、市場がバランスを回復するのを助けることになるのだ。

ニーダーホッファはこう書いた。

《私は投機家であることを誇りに思う。火曜の価格を月曜に予測するという、私のささやかな試みが、社会に不可欠の構成要素であることを誇りに思う。安く買い、高く売ることで、調和と自由を創造しているのだ》

その日の集会のゲストスピーカーは、トーマス・ディロレンゾであった。『資本主義はいかにしてアメリカを救ったか——ピルグリムから現在までの知られざる歴史』など14冊の著書を持つメリーランド州ロヨラ大学の経済学部教授で、その日の演題は、うるさ型の映画監督マイケル・ムーアについてであった。

ムーアの最新作『シッコ』は観ていないようだったが、ディロレンゾはムーアがその前作で、競争の重要性や社会主義の残虐性を認識していないことに怒りの矛先を向けた。途中、ニーダーホッファがさえぎって質問した。

「一般化できる原則とは？」

ディロレンゾが答えた。

「市場は有効だが、国家独占は無効であるということだ」

聴衆の一人、白髪まじりの男性が、それはちょっと言いすぎだと思ったようだ。国立公園局や、住宅ローンをよりたやすく利用することができる連邦住宅貸付銀行の例を挙げて、「政府が良いことをやっているのは認めないのか？」と質問した。

「いや」とディロレンゾは答えた。

「国立公園をめちゃくちゃにしたのは政府だよ。土地に関しても、資本主義に任せたほうが、もっといい仕事をすると思うね」

午後10時ちょっと過ぎ、ニーダーホッファは集会をお開きにした。

その日、およそ２００ポイントも下落した株式市場について聞きたかったのだが、私が近づくと、彼は「話せない」と言った。

「今、それについて話すのは、あまりに辛い。2～3日たったら、冷静に見直すこともできるだろうが」

彼は部屋を横切って、ローレルとオーブリーに声をかけた。そして息子を肩車して、44丁目の通りに消えた。

機能的な機能不全家族

'06年5月3日、オーブリーが生まれた日、ニーダーホッファの正妻スーザンは離婚訴訟を起こした。彼の配偶者であり、また'97年に移された多くの資産の法的所有者として、彼女はニーダーホッファの資産の大部分を要求した。双方の弁護士が、何ヵ月も主張し合った。

翌年2月、ニーダーホッファはスーザンを説き伏せて、離婚訴訟を取り下げさせた。引き替えに、同年末までに彼はローレルのもとを去り、スーザンと同居することに同意した。そして、ローレルにある計画を伝えた。

現在も、ニーダーホッファは二人の女性の間を行き来している。日曜から火曜まではコネティカットの邸宅をスーザンとシェアしている（4人の娘のうち3人は、家を出ていた。一番若いキラは、全寮制の学校に入学していた）。週の残りは、マンハッタンでローレルやオーブリーと一緒に過ごす。ガルトが私に言った。

「今、彼は気持ちの面で、二人の女性を必要としているのよ。父は、女性を本気で見捨てるなんてことはしないわ。すべての妻は、次第に大きくなる家族の一員で、ハーレムにおける名誉職みたいな立場にあるの。彼女たちがそれに耐えるのは、欠点はあるけど彼が天才で男だから。清濁あわせ飲む状態ね。それが、私の知っているすべて。要は、私たちはずいぶん変わっているということよ」

私たちは、チェルシーにあるフランス料理店で昼食をとっていた。その店はガルトのアパートの近くにあった。ガルトが続けて言う。

「オーブリーの誕生は、家族にとって衝撃ではあったけれど、父はほかの子供たちとも定期的に会うし、私の母親で、テキサスとニューヨークを行き来している最初の妻ゲイルとも仲がいいの。

言ってみれば、とても機能的な機能不全家族ね。多くの人の目には、アブノーマルに映るだろうけど、私たちは、いくらかは健全で幸福なこの力学を受け入れているのよ。女性たちはみな仲がいいわ。私の母とスーザンの結束は、凄く固い」

最近では、ガルト、ゲイル、スーザン、そして離れたところにいるアーテミスを除くガルトの妹たち全員が、ガルトの娘であるマグノリアの3歳の誕生祝いに集まったという。そこにローレルはいなかった。

「ローレルはまた別のお話。スーザンとローレルは親しくないの。不幸な話だわ」

'06年、ガルトは『フジツボの分類』と題する小説を出版した。彼女の説明では、「誰とも違う家族を持つ、自分の悪霊を払い清める試み」とのことだが、小説にはエキセントリックで圧制的なビジネスマンが登場する。すでにもうけた6人の娘のほかに、跡継ぎとなる男児の誕生を切望しているという設定だ。

結局彼は、思いがけない状況で願いを叶えることになる。小説が出版された直後、ニーダーホッファはガルトを昼食に連れ出し、小説には先見性があったと言った。

「私生児が生まれたのね！」と口を滑らせたガルトに、ニーダーホッファが言った。

「違う。息子ができたのだ」

数ヵ月後、オーブリーが生まれた。

53歳になるローレル・ケナーは、「ニーダーホッファの取り決めは、私には不満だらけよ」と言う。

「怒りも凄く感じる。でも、私だけの問題じゃない。赤ん坊のことがあるのよ」

私は、彼女とニーダーホッファの関係が、心からのものであることに驚いてみせた。彼女はこう答えた。

「素晴らしい8年間だった。たくさんのものをもらったわ。ビクターと出会ってから、いろんなレベルで豊かになれた。恋人としては、今までで最高の人。それは単にセクシャルな意味だけじゃないのよ。本も一緒に書いた。彼は偉大でロマンティックで、心の優しい人ね」

ニーダーホッファは、スーザンとの関係については、語りたがらなかった。ローレルについてはこう言う。

「素晴らしい協力関係が続いているし、大きな喜びと幸福をともにしてきた。そして、素晴らしい息子ができたよ。我々は一人の子の親になっても、相手に対する尊敬と感嘆を共有している。このような結果を初めから予想していたわけではないが、素晴らしい遺産を作り上げることができた。赤ちゃん。本。そして数々の記事」

「自分が考えるほど頭が良くはなかった」

’07年7月17日火曜、ダウは初めて1万4000を超えた。経済は成長して、長期金利は5％に戻り、初夏の頃の変動激しい日々は、おおむね忘れ去られようとしていた。

しかし、市場が閉じたあと、ベアー・スターンズは2つのファンド——その中には、サブプライム住宅ローンに関係した証券への投資も含まれていた——が、ほとんどの価値を失ったと発表した。サブプライム市場の問題が広く金融市場に拡散して、さらにいくつかのヘッジファンドが破綻し、解説者は迫り来る信用収縮について語り始めた。世界中の株式市場が、激しい変動を経験した。

7月24日火曜、ダウが226ポイント下落し、その2日後には311ポイント下落した。CNBCの解説者は、不吉な見解を並べたてた。私はニーダーホッファにEメールを送り、その中で、彼が現下の市場のもとでも、《良い位置にあることを願っている》と書いた。彼からの返事には、短く《さにあらず》とあった。

7月27日金曜、ダウは200ポイント下落し、4％の下落でその週を終えた。

1週間後、リバタリアンの月例会に出席するため、ニーダーホッファがマンハッタンに出てきた時も、市場は激しく動いていた。月例会が終わり、我々は道の向こう側のレストランに入った。カプチーノを注文した彼の顔は青ざめてやつれ、何歳も老けこんで見えた。数分間の沈黙のあと、彼が低い声で言った。

「前回話したあと、事態はまったく変わってしまった。状況が根底から変わったんだ。危機だ。我々は今、生き残るために夜昼なく闘っている。市場の激動に不意打ちを食らったんだ。私は、自分が考えるほど頭が良くはなかったよ」

その席にローレルとオーブリーが加わった。ニーダーホッファは気づかない。前の週、シカゴ・マーカンタイル取引所は、市場の混乱に対応して、先物トレーダーの証拠金率を上げたが、それは何億ドルものオプションを持つニーダーホッファに大損害を与えるものだった。彼は'97年にくらべて、より多くの準備金を持っていたが、気持ちが晴れることはなかった。

「この危機に直面して分かったのは、社会は資源を有効に再配置するということだね。そして、私は危機に立ち向かうため、自己資金を大量に投入した。エセックス号のポラード船長の話は知っているだろう？　アラスカの岸を離れたちっぽけな漁船が、１００年ぶりの大波に遭遇したようなものだよ」

窮状を吐露して、少し気が軽くなったのか、シャーベットを口に運び、オーブリーと遊んだ。そしてこう言った。

「さて、家に帰って働かなくては」

ローレルが立ち上がり、身なりを整えながら、うっかり脚を露わにした。

「もう一度見せてくれ」とニーダーホッファが命じた。

「何を？」とローレルが聞く。

「脚をさ」と彼。

「そいつが男を浮き上がらせる」

二人は笑った。

レバレッジは両刃の剣だ

その後2週間、私はニーダーホッファに何度も電話するはめになった。ニーダーホッファが沈黙を守ったひとつの理由は、リークを恐れたためだ。ヘッジファンドは、借りた金を利用することで成り立っている。もしも貸し手がニーダーホッファの災難に気づき、金を出さなくなれば、彼のヘッジファンドは破滅的な結果を迎えるだろう。

7月30日、ボストンに拠点を置くソーウッド・キャピタル・マネジメント社が、管理下にある資産のうち半分を、この2〜3週間で失ったと発表し、ほどなくファンドを閉じた。また、ゴールドマン・サックスが展開する2つのファンドは、8月中旬までに年初の価値の3分の1を失った。ゴールドマンはそのファンドのひとつ、グローバル・エクイティ・オポチュニティーズに自己資金の20億ドルを投入、同時に2〜3の富裕な投資家に有利な条件を提案して、10億ドルの追加投資をするよう説得した。

ウォール街で最も利益をあげている証券会社の代表的なファンドが、〝つっかい棒〟を必要とする光景は、ニーダーホッファが直面したプレッシャーを暗示している。今日の相互につながり合った金融市場では、孤立した出来事というものはない。あるセクターで劇的な出来事が起こると、その影響がほかのセクターに現れる。ゴールドマンのファンドはコンピュータ制御されていたが、そのソフトウェアは、株式市場の動きの規模とスピードを予測できなかった。

「価格システムがまったく機能しなかったんですよ」と、ゴールドマンのCFO（最高財務責任者）デヴィッド・ヴィニアが言う。

「我々は数日間、連続25回、基準からはずれた値動きを目のあたりにしましたよ」

ニーダーホッファのファンドのように、ゴールドマン・サックスのファンドも巨大な借り入れを行って資金調達をしていた。

グローバル・エクイティ・オポチュニティーズは手持ちの資金100ドルごとに、600ドルの借り入れができたが、ファンドが6対1の比率のレバレッジの場合、ポートフォリオが5％下落すれば、資本金が30％下落することを意味する。

メリルリンチのアナリスト、リチャード・バーンスタインは、ゴールドマンがグローバル・エクイティ・オポチュニティーズにてこ入れする数日前、顧客に宛てた通達にこう書いた。

《レバレッジは両刃の剣だ。上向きの時には利益を増すが、下る時はより急激で酷いものになる》

もちろん、ニーダーホッファはその危険を知っていた。しかし、'03年半ばから'07年の初めまでの間、金融市場に動きはそれほどなかった。株価は上がり続け、'06年5月と'07年2月の反転を除き、異常なことではあるがかなりストレートに上昇した。

ニーダーホッファの見方では、市場の振り幅が小さくなるのは歓迎すべき展開で、なぜなら、オプション取引のリスクが小さくなるからだ。価格が上がっていたり、不変だったりする時は、市場が大きく動いたとしても、悪い結果になることは少ない。静かな時が続けば、多くの投資家は安定期に入ったと信じやすい。

'06年2月まで、Ｆｅｄの議長だったアラン・グリーンスパンは、資産担保証券のような金融イノベーションによって、リスクが広く分散されるようになったため、市場はショックに強くなったという幻想を人々に与えた。

サブプライム住宅ローン市場での危機が、これらをすべて変えた。株式市場では「ボラティリティー（乱高下）」という単語が、ここ数年間では最も多く使われた。ダウがたった数ポイント落ちた日でも、株価は揺れた。

8月10日金曜、ダウは終値で回復する前に２００ポイント下落した。

8月16日木曜には、14ポイント下げて引ける前に、３５０ポイントも下げた。多くのトレーダーが市場の不安定さを測るために注意深く見守るのは、シカゴ・オプション取引所の変動指標、通称ＶＩＸだった。

'03年1月から'07年1月の間に、ＶＩＸは30以上から約10に下落、7月末には20以上に上昇。8月16日、Ｆｅｄが公定歩合を下げる前日には37に達した。

値が乱高下した結果、シカゴ・マーカンタイル取引所のスタンダード&プアーズ

５００先物に対する委託保証金が膨らんだ。初めは２％から３％へ、そして３％から４％へ。ニーダーホッファは保証金の倍増を要請されたが、必要な現金を集めるのは難しいことが分かった。

彼のファンドのいくつかは価値を失い、それ以外についても、価値の判定は難しくなった。彼のポートフォリオには変動部分が多く、彼は自分の立ち位置が分からなくなった。トレーダーが委託保証金を用意できないとなると、あとは債権者のなすがままになってしまう。

ニーダーホッファの財務状況が悪化するや、シカゴに拠点を置き、先物のトレーダー相手に商売をする証券ブローカー会社、ＡＤＭ投資サービスは、彼のいくつかのオプションの持ち分を清算するように命じた。

夜遅くまで仕事をしながら、ニーダーホッファは、そこまで無防備な状況に身を置いてしまった自分を責めた。証拠金の請求に関して、彼は知人に、「私はあんなに影響を受けやすい場所に自分を置くべきでなかった」と話している。

'97年の教訓に加え、事前に注意深く行動したにもかかわらず、彼は再び、借金で首が回らなくなったのだった。

誰が最後に勝つか

毎年8月、ニーダーホッファはニューヨークで大きなパーティを開く。招くのは、彼のウェブサイトに参加する何十人もの寄稿家や、一部の友人である。'07年のゲストは75人ほどで、多くはニューヨーカーだが、英国からの客もいた。3日間にわたる接待の費用は、すべてニーダーホッファ持ちである。

金曜は、ニューヨークの植物園を訪れ、メッツのゲームを観戦。土曜には、コニーアイランドの浜辺に繰り出し、ウォール街の近くにあるレストラン『デルモニコ』でディナー。日曜には、セントラルパークの温室庭園でのピクニック・ブランチが予定されていた。

市場の危機が拡大したため、ニーダーホッファはこのパーティをキャンセルしようと考えたこともあった。しかし、そうすると、彼に対する警戒感が増すだろう。パーティは予定通り行われた。

土曜の午後3時、コニーアイランド。サイクロン・ローラーコースターの反対側にある板張りの遊歩道で、仲間といるニーダーホッファの姿が目に入った。いつものように、黄色のズボン。そして、背中に「最高投資責任者」と染められたTシャツという格好だから、すぐに見つかるのだ。浜辺では、スタッフが用意した青い日除け傘の下、十数人のゲストがたむろして日差しを避けている。

ニーダーホッファはオーブリーを肩車して、前に会った時より機嫌が良さそうに見えた。彼はコニーアイランドとブライトンビーチにはよく足を運んでいて、彼が少年時代に住んだ家は、我々がいる場所から東へ1キロ足らずのところにあった。

「さあ、不思議な車輪に乗るぞ」とニーダーホッファは言って、'20年代からある観覧車のほうへ向かった。彼らがそちらに行っている間、私は二人のゲストと話をした。

一人は経営学の修士課程にいる若いリベリア人の学生で、最近、デイリー・スペキュレーションズ・ドットコムに競馬の賭けに関する記事を載せたという。もう一人、年長のフランス人は、ウォール街のトレーダーだ。ゲストの中にニーダーホッファの財政的な窮状を語る者はいない。

午後6時、『デルモニコ』に一行が再び集まった。黒ずんだ鏡板張りのバーで、カクテルを楽しんだゲストは、凝った装飾を施したダイニングルームに移った。そこでは、ブロードウェイで活躍するタップダンサーと、ハワイアンの歌手らがパフォーマンスを繰り広げていた。

私はローレルとオーブリーの隣の椅子に案内されたが、ライラック色のジャケットを着たニーダーホッファはゲストの間を縫っていて、私には姿が見えない。

デザートのあと、ニーダーホッファがスピーチに立った。彼は体を前後に揺らしながら言った。

「今日は歴史的な集まりです。ウォール街史上最大級の混乱のさなか、我々は今ここにいます。皆さんはきっと、事態はどのように進んでいくのか、凄く知りたいことでしょう。ここまでの状況は厳しいものでした。戦いの火ぶたは切って落とされました。しかし、勝利の帰趨《きすう》が明らかになるのは、これからです。こういう時には、いつも言うことですが、沈黙こそ金です。具合が悪いと言えば、敵に武器を贈ることになってしまう。うまくいっていると言えば、不運を呼び込む。何が起こり、誰が最後に勝つか。それが決まるのはこれからです」

8月の終わり、Ｆｅｄが公定歩合（銀行への貸出金利）を引き下げたあと、市場が落ち着いた。しかし、ニーダーホッファの苦難は続いた。

9月、彼は75％の価値を喪失したマタドールなど、二つのファンドの閉鎖を余儀なくされた。多くのファンドを清算したあと、ニーダーホッファは出資者にさらなる支払いを行い、顧客には残金を返却した。スタッフを数人解雇し、弁護士と話し合った。

その頃、《ニーダーホッファはこの10年で2度目の破裂を起こした》と、インターネットに噂が流れた。

もし、彼が取引の清算を、もう少し待つことができていたなら、彼のファンドは損失の大部分を取り戻せていたかもしれない。Ｆｅｄが再び公定歩合を引き下げたあとの9月18日、株式市場はさらに持ち直し、揺れ幅は小さくなった。ニーダーホッファの言葉が、今なお哲学的に響く。

「市場には予期したほどの流動性がなく、ボラティリティーは予期した以上に大きかった。我々は緊急事態に対処できるよう、準備をしているつもりだったが、今回のような事態に対する備えはなかった」

ニーダーホッファは今も、自分の個人勘定と、残った顧客のためのトレードは続けている。

「パニックの時、あるいは弱含みの時に買うという市場の創造的な力について、私の基本的な考えは今も変わらない。今回起こったことが、その考えに修正を迫っているわけではない。その結果が良かろうが悪かろうが、私はやり続けるだけだ」

●その後のビクター・ニーダーホッファ

2007年秋に2度目の破産をしてからのニーダーホッファについては、あまり伝えられていない。彼の友人によれば、自己資金での取引は続けていて、息子のオーブリーの世話に時間を割いているという。

'09年1月、自身のウェブサイトに「最後の授業」という記事を載せ、人生を楽しみ、長生きするための秘訣を特集している。その中に、こんな一節がある。

《失敗の対処法を学ぶことだ。失敗は必ず起こる。そこから学ばなければならない》

サブプライム危機の容疑者

Subprime suspect
The New Yorker,Mar.31,2008

©Getty Images / AFLO

E.Stanley O'Neal

E・スタンレー・オニール

メリルリンチ前会長兼 CEO（最高経営責任者）

●

1951年生まれ。ハーバード大学で経営学修士を取得。

'86年にGM（ゼネラル・モーターズ）からメリルリンチに移り、'98年にCFO（最高財務責任者）に就任。

2002年に同社の会長兼CEO（最高経営責任者）に就いた。


記事初出「ニューヨーカー」2008 年 3 月 31 日号

1億6200万ドルの退職金

2008年3月7日の朝。アメリカ最大の証券会社メリルリンチの前会長兼CEO（最高経営責任者）E・スタンレー・オニールは、米国連邦議会の下院監視・政府改革委員会に出頭した。その時のことを、共和党の幹部トマス・デーヴィスは、どこか怯《おび》えた表情で、「まるで公開ムチ打ち刑のようだった」と語った。

政府改革委員会はオニールのほかに、二人の経営責任者を召喚した。そのうちの一人は、アメリカ最大の住宅金融会社カントリーワイド・フィナンシャルの共同創立者、アンジェロ・モジーロ。もう一人は、シティグループの前CEO、チャールズ・プリンスである。彼らはサブプライム市場で投機に失敗し、それぞれの会社に数十億ドルもの損害を与えたが、それだけでなく、家を買った何千人もの人々が立ち退きを迫られているというのに、自分たちはかなりの額の報酬を得ていたのだ。その理由を説明せよというのが、委員会が開かれた主な目的だった。

アンジェロ・モジーロは'06年と'07年に、1億5000万ドルを上回るカントリーワイド・フィナンシャルの株式を売っており、それはまさにサブプライム危機が火を噴く寸前のことだった。一方のチャールズ・プリンスは、シティグループが住宅ローンに対する投資で莫大な損失をこうむったと発表したあと、'07年の11月に退社していたが、会社は彼に1000万ドル以上のボーナスを与えていた。

スタンレー・オニールも、チャールズ・プリンスと同様だ。メリルリンチは'07年7〜9月期に、住宅ローン関連で約80億ドルの損失を出し、それはウォール街で最大の損失額になったが、'07年10月に退任したオニールは、過去に例のない額の退職金1億6200万ドルを受け取っていたのである。

ウォール街屈指の証券会社で、トップにのぼり詰めた初のアフリカ系アメリカ人、E・スタンレー・オニールは1951年生まれ。すらっと背が高く、肌の色はライトブラウンで、立ち振る舞いが堂々としている。政府改革委員会に出頭した時は、グレーの髪を短く刈り込んで、黒のスーツをきりっと着こなし、白のドレスシャツに水玉模様の紫色のネクタイという出《い》で立ちだった。発言する番になると、彼はマイクを引き寄せ、用意してきた声明文を冷静に読み始めた。

「私が人生で得た成功、それは運と努力とチャンスの賜物《たまもの》であり、この国にしか存在しないものだと思います。祖父のジェームズ・オニールは、1861年、奴隷の身分で生まれました……」

こう切り出したあと、メリルリンチでの20年におよぶキャリアを手短に述べたが、最後の5年間、彼は会長兼CEOの職にあった。

そして、「私が得たいわゆる〝退職手当〟が取り沙汰されていますが」と前置きしてから、1億6200万ドルという退職金の大半が、それまでのキャリアで蓄えられてきた繰り延べ給与や株式、株のオプションであることを説明した。

政府改革委員会が閉会になろうという時、議長のヘンリー・ワックスマンが、ジョン・フィネガンに鋭く迫った。フィネガンはこの委員会に、メリルリンチの取締役会の代表として出席していた。

「あなたの会社は、第3四半期で24億ドル、第4四半期では103億ドルの損失を出していますね。これは会社の歴史上、四半期のマイナスとしては最大額のはずですよ」

議長のワックスマンは問い質《ただ》した。

「'07年末に、あなたの会社の株価は、1月にくらべて45%も下落しましたね。これは大変な失態で、CEOや役員を解雇する十分な理由になると思います。それにしても理解に苦しむのは、我が国の経済が苦境に喘《あえ》ぎ、多くの人が職を失って辛い目に遇《あ》っているというのに、あなたの会社の責任者であるＣＥＯだけは例外だということです」

危機の時に一人でゴルフをしていた

メリルリンチを辞めて出て行く時、オニールに対する風当たりは、ことさら痛烈だった。ＣＥＯとしての能力だけでなく、性格まで取り沙汰された。

経済ニュースチャンネル、ＣＮＢＣの番組『マッド・マネー』で司会をしているジム・クレイマーはこう書いた。

《これまで見てきたクビ切り劇の中でも、断トツに興味をそそられる一幕だった。なにしろ、あからさまな横領などないのに、追放されたのだから。彼は言ってみればウォール街の邪悪な魔法使いで、誰もが怯え、避けて通る殺し屋と言ってもいいだろう。仲間内では愛されていたように見えるが、実は一人の友人もいなかった。その証拠に、彼が去ったあとのウォール街では、歓声さえ上がっているではないか》

経済・金融情報を扱うブルームバーグ・ドットコムでは、コラムニストのマイケル・ルイスが、あるウェブサイトの記述を引用した。そのサイトには、アマチュアのゴルファーがスコアを書き込むのだが、それによると、メリルリンチが住宅ローン関連で約80億ドルの損失を出していた'07年の8月と9月に、オニールは少なくとも20ラウンドはプレーしていたというのである。

《会社の損失が膨らむ中で、オニールはどこで何をして、誰と一緒だったのか。それがはっきりと分かる。ゴルフ場でプレーしていたのだ。しかも、誰かと一緒ではなく、彼一人で》

スコアの書き込みがあったウェブサイトのアドレスは、またたく間にウォール街のトレーダーの間に広まった。

「彼がメリルリンチでやったことは、きわめて犯罪的ですよ」と、オニールにクビを切られた元同僚がののしる。

「私なら、窓拭きの掃除夫としてでも、彼を雇いはしないでしょうね」

オニールの前にCEOの座に就いていたデヴィッド・コマンスキーは、こう斬り捨てる。

「特に憤《いきどお》りを感じるのは、メリルならではの価値観と文化を破壊しようとしたことです。彼は墓穴を掘ったと言ってもいい。サブプライム問題が発生しても、彼を支える者は一人もいなかったのだから。彼が断行した、非道とも言える行為のせいで、多くの人が数え切れないくらい嫌な経験をしてきたのだから、しっぺ返しをくうのは当然のことでしょうね」

住宅ローン証券によるメリルリンチの損失額は、ほかの大手金融機関よりも大きかったものの、凄まじく突出したものではなかった。ちなみに、シティグループ、バンク・オブ・アメリカ、モルガン・スタンレー、ワコビア、ドイツ銀行、クレディ・スイス、UBS証券、香港上海銀行なども、それぞれ何十億ドルもの損失を計上している。

'08年3月、住宅ローン証券に対する投資で破産寸前になったベアー・スターンズが、JPモルガン・チェースに1株2ドルで吸収されることに合意した。2ドルといえば、その2日前の株価の7％以下である。

「振り返ってみると、あれは証券業界を襲った大津波でした」

ハイテク関連の投資会社で、メリルリンチの顧客だったシルヴァー・レーク社の共同経営者グレン・ハッチンズはそう語る。

「メリルリンチは、大津波を最初にかぶった会社に過ぎません。この衝撃を、真っ先に世間に伝えなければならなかったのがオニールであり、だから世間から注目を浴びたのです。当時はオニールに限らず、誰もがトラブルを抱えていたんですよ」

オニールは自身の辞職について公に語るのを避けていたが、筆者に寄せた、きわめて分かりやすい文章がある。

《最善の努力を尽くしてきましたが、住宅ローン証券という一部門で、巨額の損失を出してしまいました。その責任が、CEOとしての私にはあります。とはいえ、メリルリンチがこれまで利益を出し、また、これから何年も利益を出し続けるために、私の指揮のもとでどれほど多くのことを行ってきたか。それは、すべての記録を見れば明らかになるはずです》

彼の友人たちが、「攻撃されて、オニールは酷く傷ついていた」と語る一方で、オニール自身は、「30年もすれば、私の仕事に対する意欲に疑問を呈する者はいなくなるよ」と知人に漏らしてもいる。

確かに、その出自を考えてみれば、彼がもし勤勉で仕事熱心な人間でなければ、メリルリンチでトップの座に就くことなどなかっただろう。

教育が〝脱出〟の手段だった

オニールはアラバマ州北東部にある人口800人ほどの町、ウィドウィーで育った。

祖父のジェームズが持っていた木造家屋で暮らし、300エーカーの土地もあった。人種隔離政策があった時代に、黒人が土地を買うのは容易なことではなかったが、ジェームズには白人の友人がいたため、友人の名義で何エーカーかを買い、しばらくしてからそれを譲り受けたのだった。

「あの頃は、ほとんど何でも食べましたね」

オニールはかつて、サンデー・タイムズの取材にこう答えている。

「野菜なんて買わなかった。いや、買えなかったし、その必要もなかったんです。乳牛が数頭と、鶏、それに食用の豚もいました」

従兄のロドニー・オニールが、夏になるとウィドウィーを訪れた。ロドニーはオハイオ州デイトンの生まれで、今は自動車部品メーカーのデルポイ社の代表取締役だ。彼はこう回想する。

「何エーカーもの土地がありましたが、ほとんどが松の木だらけでした。やることといったら、牧草地を走りまわるか、石ころを投げるくらい。それ以外のことは何もできないようなところでしたよ」

ウィドウィーの小学校の教室はひとつだけで、先生一人が6学年の全教科を教えていた。再びロドニーの回想。

「スタンレーは、ほかの子供と少しも変わるところはなかったですね。確かに明るい子だったけれど、明るいだけではだめ。正規の教育を受けなければ」

両親のエルンストとアンは、子供たちの教育を重視した。ロドニーによると「彼の両親は、教育こそが〝脱出〟のための手段」と考えていたという。

毎日の日暮れ時、そして週末に、オニールはよく綿を摘んだり、豚に餌をやったりしていたが、読書好きだった彼は、両親が与えてくれた『宝島』や『黒馬物語』『不思議の国のアリス』などを読みふけることもあった。

'64年、オニールが12歳の時、父親のエルンストは、このまま農場をやっていても妻子を満足には養えないだろうと考え、一家はアトランタへ移り、連邦住宅プロジェクトのアパートを借りた。

オニールはアトランタで、ウェストフルトン高校に入学。そこは人種差別を撤廃したばかりの学校だった。彼はのちに、サンデー・タイムズの取材にこう語っている。

「喧嘩やら、罵《のの》り合いやら、毎日何らかの事件がありました。白人の子供にとって、黒人と一緒に時間を過ごすのは初めてだったし、我々としても白人と一緒というのは経験がなかったから」

父親のエルンストは、アトランタ郊外のドラヴィル市にあるGM（ゼネラル・モーターズ）の工場で働き始めた。黒人の労働者はかつて低賃金を強いられてきたが、ワシントンからの圧力で、GMでは賃金格差が撤廃されていた。エルンストはすぐにアパートを引き払い、借家に移って、やがてその家を購入した。

高校卒業が迫っていたオニールは、ある日、ドラヴィルの工場で行われた就職・進学説明会に参加した。GM大学（ミシガン州フリントに設立された工科大学。現ケタリング大学）の進学担当職員が、そこで進学のプレゼンテーションをしており、オニールに勤労学生奨学金が与えられることになった。

彼はその後4年間、ドラヴィルとフリントを行き来し、工場の生産ラインで6週間働いたら、次の6週間は大学で工学と経営の講義を受けるという生活を続けた。

'74年に工業経営学で理学士号（BS）を取得したオニールは、ドラヴィル市のGM工場で、午後4時からの〝深夜シフト〟の班長になった。しかし、両親の応援もあり、ビジネススクール（経営学大学院）で学ぼうと考えて、ハーバード大学へ進学することを決める。GMが特別奨学金を出してくれたので、'76年8月、オニールはハーバード大学があるマサチューセッツ州ケンブリッジ市へ向かった。

「私はその頃、アフロヘアに口ひげをはやし、飛行士用のサングラスをかけたりしていました。連邦住宅プロジェクトが建てたアパートで育ち、組み立てラインから何とか這いあがった労働者のハシクレが、中西部の小さな工科大学に通っている。そんな感じでしたね」

'07年5月に、クーパー・ユニオン大学で名誉博士号を受賞した際、オニールは当時をこう回想している。

80人の学生がいる学科で、アフリカ系アメリカ人は6人いた。その一人だったオニールは、まわりの雰囲気に怖気《おじけ》づいていることを悟られまいと、気を張っていた。最初の試験は、ほとんどの科目でトップだった。

「この時から、たとえ学部の最も優秀な学生が相手であっても、私は彼らと張り合っていけると思ったのです」

ハーバード大大学院の2年生の時には、アフリカ系アメリカ人学生協会の会長にも選ばれた。この協会は人脈作りが目的のグループで、当時大学内にたくさんあったマイナーな組織とは違い、政治活動を基本的に避けていた。

「彼はまさに切れ者でした。でも、それだけではなかった。ダンスがうまかったし、着こなしや身のこなしも良かったんです」

こう語るパット・アーヴィンは、マシャンタケット・ピーコット族国家（ネイティブアメリカンの一部族）の代表で、ハーバード大のロースクールで学び、オニールと親しかった。

前代未聞のスピード出世

'78年に大学院を卒業したオニールは、ＧＭの財務部門で金融アナリストという地位を得て、ニューヨークで働くことになった。ここでキャリアを積めば、社の首脳陣入りが約束される部門である。

「勤勉でなく、才能もない青年だったら、この出世街道から即座にまっ逆さまに落ちるはずでした。そして、面白くもない仕事をやらされるハメになる。ところが、スタンレーは頭脳明断で、初日から高い評価を得たのです」

ＧＭで同僚だったキム・デーヴィスがこう語る。彼は現在、非公開投資会社チャールズバンク・キャピタル・パートナーズの社長だ。

2年後にオニールは取締役へと昇進。これは前代未聞のスピード出世だった。'81年に再び昇進して、約2年間、GMのマドリード・オフィスで社員30名を指揮した。そのあとニューヨークに戻り、何件かの買収を成功させて頭角を現す。彼が関わった企業の中には、ヒューズ・エアクラフトや、ロス・ペローが創立したエレクトロニック・データ・システムズなどが含まれていた。

この頃、ナンシー・ガービーとの交際が始まった。彼女は労働経済学者で、GMのアカデミックな部門でキャリアを積んでいた。'88年に二人は結婚（オニールは'84年に前妻と離婚していた）、3年後には双子の男女が生まれた。パット・アーヴィンはこう語る。

「妊娠中のナンシーは大変でした。ベッドでずっと安静にしていなければならないような状態でしたから。赤ん坊たちが無事生まれて、それはもう大喜びでしたよ」

転機が訪れたのは'86年のことである。メリルリンチに移っていたGMの前財務担当役員コートニー・ジョーンズから、「ジャンクボンド（リスクの大きい社債）部門に来ないか」とオニールは誘われ、その話に乗ったのだ。転職を決めた大きな理由は報酬だった。退社を申し出る彼を、GMの専務は引きとめにかかった。

「君には輝かしい前途がある。これまでの仕事は申し分ない。ここにいる白人たちの95％

より、君のほうが優れているのだよ」

ウォール街では他のビジネス界と同様、雇用や昇進に関して、人種と民族が常に重要な判断要素になってきた。この数十年、モルガン・スタンレーやファースト・ボストン、ブラウン・ブラザーズは、ワスプ（アングロサクソン系の白人プロテスタント）が大多数を占めており、ゴールドマン・サックス、ベアー・スターンズ、リーマン・ブラザーズはユダヤ系が多かった。'14年に設立されたメリルリンチでは、アイルランド系とカトリック教徒が幅を利かせていた。

'96年12月、デヴィッド・コマンスキー（父はロシア系ユダヤ人、母はアイルランド系カトリック）がダニエル・タリーを継いで、メリルリンチのＣＥＯに就任した。タリーは彼にシャムロックの襟章を与え、ゆかりのセント・パトリック寺院に導いた。

彼の名前は知られていなかった

オニールがメリルに加わった時、ジャンクボンドは急成長していた。'80年代後半に行った大型の企業合併やレバレッジド・バイアウト（買収しようとしている会社の資産を担保に、その買収資金を調達する方法）では、投資銀行ドレクセル・バーナム・ランバートでチームを組んでいたマイケル・ミルケンに声をかけ、彼が発行するジャンクボンドによって資金調達をした。が、'89年にミルケンが不正取引で起訴され、ジャンクボンド市場は崩壊。その翌年、ドレクセルが倒産し、経済は景気後退期に入った。

メリルリンチのジャンクボンド部門は、オニールを責任者として迎え入れ、急成長を遂げた。景気は確かに落ち込んではいたが、この部門を思い通りに運営できた彼は、数年間、国内を歩き回り、クライアントに投資先を紹介していった。ちなみに、オニールはこの時期のことを、《私のキャリアの中でも最高に楽しい経験だった》と記している。

オニールの指揮のもと、メリルリンチのジャンクボンド部門はウォール街の番付で、見事第1位に躍り出た。メリルリンチの社長を務めたハーバート・アリソンがこの結果に注目し、オニールを2度昇進させた。'95年にメリルの株式・債券部門を監督する地位に抜擢し、その2年後には社の4大部門のひとつ、機関投資家部門の共同責任者に任命したのである。

'98年、オニールはCFO（最高財務責任者）に指名されたが、当初、この部門は収益を生む必要がなく、彼には向いていないと思われた。メリルのような投資銀行では、収益の創出力と権力が密接に関係していたからだ。

財務担当のトップに任命されたオニールの最初の仕事は、社の役員会に財務状況を報告することだった。'98年7月、上司であるコマンスキーに3ページの覚え書きを提出し、《ライバル各社とくらべてメリルリンチの利益幅は驚くほど低く、モルガン・スタンレーよりも10％低い》と指摘。《我が社には実質的な競争力がなく、その原因は組織の文化的背景にあると考える》と綴った。執行委員会にオニールが現れた時、議論は2時間半も続いた。

オニールはメリルリンチの高い経営コストに触れ、それとなくコマンスキーを批判した。コマンスキーは歳出を抑えるよりも、どちらかといえば事業を拡大する路線を取っていた。コマンスキーはこう語る（彼は'39年生まれで、現在、メリルが深く関係する投資会社ブラックロックの役員をしている）。

「スタンレーは少し風変わりな男でした。一緒に仕事をしている仲間と、うまくコミュニケーションを取ろうなんて考えていなかったんです。彼を助けようとする人物がいても、彼にとってそれほど重要なことではなかったのでしょう」

とはいえ、コマンスキーはオニールの知力と馬力に一目置いていた。'99年、アリソン社長が辞任する際、オニールはアリソンに取って代わると思われた3人の候補の一人だった。コマンスキーが候補に選んだのは、投資銀行家のトム・デーヴィス、メリルの投信販売部門の責任者ジェフリー・ピーク、それとオニールだった。外でディナーを取りながら、コマンスキーは「社長の後釜を決めようと考えている」と3人に告げてもいる。

人種問題だけが、オニールの障害だったわけではない。

コマンスキーは、大衆を顧客にする証券取引会社からメリルリンチに移ってきた。彼が持つソフトな語り口、几帳面《きちょうめん》で温和な性格のいずれもが、オニールに欠けていた。そのためウォール街の噂話で、オニールの名前は俎上《そじょう》にも上らなかった。メリルが手広くビジネスを展開する証券業界で、彼はほとんど知られていなかったのだ。こういった不利な条件があるにもかかわらず、2000年2月、コマンスキーはオニールを証券取引部門の責任者に据えた。

収益は30%ダウン

それから2ヵ月後、ナスダックが弾けた。いわゆるインターネット株バブルの終焉だった。オニールはすぐさま対策を講じた。

「何も私が〝進軍命令〟を出したわけではないのだが……」とコマンスキーは回想する。

「彼の持つ意志力でしょうね。現場の原価基準を調べ、それが不相応に膨らんだと彼は考えたわけです」

メリルリンチは支店の拡大をはかりながら、ストックリサーチ部門やテクノロジー部門に多くの金と人員を注《つ》ぎ込んできた。しかし、2000年度の証券取引では、8億ドルの利益しか計上していなかった。これはオニールが当然と考えていた数字の半分であった。この仕事に就いた最初の数週間を、彼は数十におよぶ支店へ出向き、従業員の話を聞くことに費《つい》やした。

「1年間に何人のクライアントと話をしたか」「クライアントの誰が自分の面倒を見るよう言ってきたか」「ビジネスとして何が拡大しそうなのか」といった質問を重ねていったのだ。が、中には、ぽかんとした表情の従業員も少なくなかった。

2000年7月、オニールは約2000件の業務と、そのための人員を削減すると発表した。彼の狙いは、メリルリンチの証券マンの目を、少なくとも25万ドルの資産を持つクライアントへと集中させることだった（他の顧客には、コーリングセンターを利用するよう勧めていた）。このリストラ案は「無慈悲だ」と言われもしたが、上司であるコマンスキーは高く評価した。コマンスキーは言う。

すよ」

「この局面で発揮されたスタンレーの実行力には驚かされました。彼はやってしまうんで

その年末、コマンスキーは業績不振に頭を悩ませていた。数社を新たに買収はしたものの利益は出ず、おまけに市場は依然としてスランプ状態にあった。

'01年度の前期、メリルリンチの収益は30%ダウン。取締役会から後継者を指名するよう迫られ、コマンスキーはオニールを選んだのだった。

「最有力の候補者は誰か。誰にも疑問をさし挟む余地はなかったと思いますよ」

ジル・カー・コンウェイがそう語る。彼女はスミス大学の前学長で、'06年4月までの9年間、メリルリンチの上席取締役だった。

「知性とエネルギー、そしてグローバルな財務サービスをどれくらい理解しているかという点で、スタンレーは卓越していました。財務担当の責任者として、彼が作っていたレポートを見れば分かります。誰よりも詳しく、自社の競争力を理解していましたから。これから必要とされる変化に勇気を持って対応できるのは彼しかいないだろうと、期待が高まったのです」

コマンスキーがオニールを選んだ決定的な理由は、市場の低迷だった。

「リストラを迫られていたからこそ、スタンレーがトップに相応しいと考えたのです。私やトム・デーヴィスのように、この会社を大きくしてきた人間には、そういう仕事をするのは辛いんですよ」

'01年7月24日、コマンスキーはメリルリンチの社員宛てのEメールで、オニールを社長兼COO（最高執行責任者）に指名し、'02年の自身の引退後は、会長兼CEOを引き継いでもらうことを希望すると伝えた。コマンスキーがこう振り返る。

「メリルの初代黒人CEOに彼を推薦したことに満足しました。その時は、これが偉大な前進への一歩だと思いましたね」

会社に対する圧倒的な献身

その人事を知ったオニールは、マーサズ・ビンヤード島へと向かった。その時に借りていたサマーハウスでは、妻と子供たちがケーキとシャンパンを用意して待っていた。

翌日はゴルフをした。ゴルフはクライアントや同僚との社交のため、'97年から始めた。彼のハンディはシングルで、今ではゴルフをやるメリルの男性社員の中で上位5位に食い込むほどの腕前だといわれるが、ウォルター・ブッカーの回想では様子が違う。ブッカーは教育機会支援理事会の議長として、ニューヨーク市の高校生や大学生のために、ウォール街指導教育プログラムを展開しているが、数年前にペアを組んで、オニール組を相手に軽い賭けゴルフをやったことがあるという。

「9ホールか10ホールを回ると、彼らはもうお手上げで、惨憺《さんたん》たるスコアでした。私はスタンに言ってやりましたよ。『君に貸しができたけど、半分は負けてあげてもいいよ』と。彼は『倍賭けでもいいさ』と返事をしました。それからの彼は、本気だったのかどうか。よく笑いよく冗談を言っていましたが、しかし彼のスコアは落ちる一方でしたよ。最終18番グリーンに来て、彼のパートナーが私に、『スタンが出世する理由が分かったな』と言い、『その通りだ』と私も答えましたね」

メリルリンチの社長には、30ヵ国余で6万6000人の従業員を雇用するこの会社を、日々動かしていく責任があった。オニールが社長に就任から7週間経った時、テロリストが世界貿易センターを襲撃した。このテロで社員3名が亡くなった。「グラウンド・ゼロ」から通りを隔てた世界金融センターに、そのまま本社を置いておくわけにはいかなくなった。

1ヵ月後、オニールは上級幹部らに、「我が社は年間20億ドルの経費を削減し、従業員を1万人ほど解雇する必要がある」と宣言した。コマンスキーはテロの衝撃から会社が正常に戻るまで時間を要することを理由に、人員整理を遅らせるよう要請したが、オニールは聞き入れず、即座にレイオフを開始した。

オニールはジェフリー・ピークをはじめ、執行役員クラスのライバルたちを排除していった。しかもピークには、自分の口で「執行役員から降格だ」とは告げずに、会社のスポークスマンに「ピーク、君の名前はもう名簿にはない」と言わせた。これを受けて、ピークは辞任した。

投資銀行家のバリー・フライドバーグが、なぜこの改革について相談しなかったのかと尋ねると、オニールは「いや、君のアドバイスは必要なかったんだ。要る時は聞きますよ」と答えた。フライドバーグもこの後、辞任した。

コマンスキーですら、脇に追いやられた。その様子をコマンスキーが語る。

「9月11日以降のスタンは、会社に対して圧倒的な献身を見せました。しかし、その後はどうなったか。彼はここで一気にCEOへ駆け上る必要があると感じたのでしょう。私は2年先、65歳になるまでは留まるつもりでしたよ。でも、社内には政治的な断絶、つまりスタン派と反スタン派が存在していましたから」

'02年夏、メリルリンチは、「本年暮れにはオニールがCEOになる。ウォール街の大企業のトップに、初めてアフリカ系アメリカ人が就任する」と発表した。

オニールは人員整理を続けた。コマンスキーが掲げた世界への拡大戦略もひっくり返して、カナダでの事業のいくつかを売却し、日本や南アフリカでの事業を縮小した。

'02年末には、従業員の4分の1以上をリストラしただけではなく、同族意識の高い社風の変革を試みた。オニールはこの社風こそ、前時代的で排他的であり、競争力の障害になっていると思っていた。ウォールストリート・ジャーナルの'01年11月号で、オニールはこう語っている。

「メリルリンチは偉大な企業であるとはいえ、その偉大さが社員の特典になるわけではありません。社員が好んだ〝母なるメリル〟という愛称が意味する〝お母さん主義〟や〝お父さん主義〟は、もはや通用しないのです。時代は変わりました。我々も時代とともに変わるべきなのです」

オニールが雇用した役員は、こう補った。

「昔からあった社風とはどういうものか。社員がとんでもない失敗をしでかしても、〝母なるメリル〟が何とかしてくれると思う風潮です。これがスタンを悩ませました。彼はスマートさではモルガン・スタンレーに、名声ではゴールドマンに匹敵する何かを生み出そうとしました。閉鎖主義をぶち壊し、能力本位のメリトクラシーを重視して、これまでよりもさらに複雑な仕事がこなせる人材を育てなければならないと考えたのです」

エクイティ取引を行うフロアにいるスタッフの大多数は、アイルランド系アメリカ人だった。オニールが調べてみると、このフロアのある上席トレーダーは、家族の知人のお情けでメリルに入っていた。NY市消防署の採用試験に失敗したところを拾われたのだ。

オニールは、このトレーダーがサラリーをたっぷり取っているのをそのままにしておいたが、メリルでそのような恩恵に浴したことは自分にはなかったと思った。

CEOに就任してから最初の18ヵ月間で、オニールは上級役員の半数以上を取り替えた。ニューヨークのクイーンズやロングアイランド出身者ではなく、アジアやヨーロッパ出身の若手を抜擢していった。

オニールの参謀アルシャッド・ザカリアは、39歳の野心満々なインド人で、グローバルマーケットと投資銀行部門のトップだった。彼とメリルリンチのベテラン、トム・パトリックは、コスト削減に2年間を費やした。だが、オニールはザカリアを'03年に解雇した。彼が社長の席を狙い、ロビー活動をしたというのがその理由だった。また、ザカリアを助けたという理由で、パトリックも辞任を迫られた。

そしてオニールは、ザカリアに代わる二人を指名した。投資銀行家のグレゴリー・フレミングと、韓国人でペンシルベニア大学ウォートン校を卒業した債券取引部門の責任者ダウ・キムである。二人とも40歳になったばかりだった。

より多くのリスクを取る

オニールは日常の業務をそれぞれの担当トップに任せ、統一した様式のレポートで最新の財務状況を報告するように命じて、逐一それに目を通していた。オニールのもとで役員として働いた一人はこう振り返る。

「自分の担当業務をきちんと把握しないままミーティングに出ようものなら、大変なことになりましたよ。オニールとのミーティングがある前日の夜は、遅くまで準備に費やしました。彼は『昨日の野球の試合はどうだった？』などという前置きは一切せずに、いきなり仕事の話に入ります。これが本当に頭痛の種でした。なにしろ彼は、財務の責任者だった時代から業務を熟知しており、おまけにほとんどの事業を自分で動かしてきたのです。詳細を把握し、スタッフについてもよく知っていましたね。ミーティングはいわば頭脳を駆使したフェンシングで、一騎打ちの戦いに臨む覚悟が必要だったのです」

オニールは高収益をあげた部署には、人材獲得のための資金を増やすという形で応え、成績の悪い部門の人件費は、容赦なく削減した。これはGE（ゼネラル・エレクトリック）のジャック・ウェルチや、IBMのルイス・ガースナーも使った手法だ。二人を尊敬していたオニールだが、こうしたやり方は仕事の中で身につけていった。

コマンスキーと違って、オニールは社員とはほとんど交流せず、妻や双子の子供たちと過ごすことを好んだ。また、側近と言える同僚とさえも、一定の距離を置いていた。

'04年のブッシュ大統領再選キャンペーンで、彼は何十万ドルもの寄付をした。オニールをいい友人だと認めるジル・カー・コンウェイによれば、メリルリンチの前任者たちと同様、オニールも保守的な共和党の支持者だという。しかし、オニールとナンシー・ガービーの結婚式で立会人を務めたパット・アーヴィンは、「実はスタンは民主党支持者。ナンシーも民主党支持ですよ」と断言する。

メリルリンチの社員の多くが、オニールを威圧的だと感じていた。前出の役員は言う。「自分の態度を変えてまで、オニールが友好的になることはありませんでした。彼の振る舞いは、『スター・ウォーズ』のダース・ベイダーのように、他人行儀でよそよそしかった。だから私は彼に、『明るく行きましょう。みんな、わけもなく震え上がっていますよ』と言ったものです」

フォーチュン誌'02年9月号に、デヴィッド・ライネッキがメリルリンチについて書いた記事によれば、《スタンレー・オニールのことが、とにかく嫌いだという人もいる》とのことだ。その2年後に、ライネッキはメリルについて別の記事を書いている。それによると、メリルの社員の中には上層部を「タリバン」、オニールをその最高指導者「オマル師」と呼んでいた者もいたという。

コマンスキーが語る。

「スタンはやるべきことを行い、大きな成果をあげました。ただ、彼のやり方は、過去を侮辱するものだった。自分のもとから去った者を非難し、〝母なるメリル〟とたとえられた社風を物笑いの種にしたのです。メリルの社風が社員にとって、どのような意味を持ってきたか。彼はそれを理解しようとしませんでした。会社と社員が互いを尊重し合い、家族的な空気に包まれた特別な企業だったのですが、スタンは卑《いや》しくてノロマで太ってだらしないと感じていたんです」

一方、オニールの支持者たちは、彼が反感を買うのは仕方なかったと総括する。

「スタンは働かなくても給料がもらえると思っている連中を排除し、そうはいかないぞと思い知らせてやりたかったんですよ」

ハイテク企業投資会社の経営者グレン・ハッチンズは、「顧客の立場で言えば、サービスも従業員の質も大きく向上しました」と言い、投資会社ブレイロック・アンド・カンパニーを設立したロナルド・ブレイロックもこう語る。

「スタンがメリルを引き継いだ時、同社の利益幅は業界最低レベルでした。彼が取った手段には誉められないものもありますが、それによって会社の利益は大幅に増えたのです」

'03年、第1四半期のメリルリンチの収益は27％跳ね上がり、経済アナリストの予想をあっさりとくつがえした。株式市場が回復すると、オニールは会社の利益の一部を外国為替取引や自己勘定売買など、それまで収益性の低かった部門に注入した。さらに、株式市場に依存する傾向をあらためるため、ヘッジファンドや未公開株式などに新たな顧客を取り込んでいった。

メリルリンチはテキサス・パシフィックやカーライル・グループなど、企業買収専門会社への融資を始めた。'03年には、英国の大手デパート、デベンハムズを買収するための資金を融資し、その2年後にはレンタカー会社ハーツの買収にも関わった。いずれの場合も、メリルリンチは多大な利益を得ることになった。

オニールは商品取引にも、さらに多額の投資をし始めた。原油や金といった天然資源の価格が上昇するのにともない、ゴールドマン・サックスやモルガン・スタンレーなど商品取引部門の充実した会社が利益を増やしていたからだ。

'04年には、電力や天然ガスの売買を行う商社エンタギー・コッホのエネルギー販売部門を、約8億ドルで買収した。カナダにあるメリルリンチの証券取引部門を売却して得た金額以上の出費になったが、商品取引部門は間もなく、カナダの証券ビジネスがそれまでに生み出していた利益を超える金を稼ぎ出すようになった。

未公開株式や自己勘定取引、そして商品取引へと業務を拡大することで、メリルはこれまで経験したことのない多大なリスクを取るようになった。金融界では、リスクを取らなければチャンスは生まれないと言われる。ゴールドマン・サックスやモルガン・スタンレーは常にメリルリンチを上回る業績をあげていたが、メリルよりもさらに大きな賭けに出ていたことが、彼らの勝因のひとつであった。

投資家へのプレゼンテーションやインタビューの場で、オニールはメリルリンチが大きなリスクを引き受ける覚悟であることを明言した。

「これは、単に私だけの構想ではありません。社の執行委員会が受け入れて、賛同したのです」

金融情報誌のユーロマネーに、彼はそう語った。

'02年から'04年にかけて、メリルリンチの税引き後の利益は、ほぼ倍増して40億ドルを超えた。会社の収益と密接につながっているオニールの報酬は、'05年が3700万ドル。ウォール街屈指の高額所得者になったのだ。

同じ年、メリルリンチはオニールの社有ジェット機の利用に16万ドル以上を、運転手付きの自動車の利用に19万ドル以上を費やしている。

彼自身はニューヨークのパーク・アベニューに広々としたアパートメントを買い、郊外のウェストチェスター郡に週末用の別宅を購入した。その家はジャック・ニクラウスが設計したゴルフコースに接していた。

理想的なランナーにも似て

オニールはフォーチュン誌の'04年4月号で、「企業再建の天才」と紹介された。また、'06年7月のユーロマネー誌は、彼について長い記事を掲載し、《彼の業績を見よ。彼の言葉に耳を傾けよ》と結んでいる。さらに、知的職業に就いている黒人の多くが、模範にすべき人間として、彼に敬意溢れる眼差しを向けるようになった。パット・アーヴィンはこう語る。

「この業界で、組織のトップまでのぼり詰めることがいかに難しいか、誰もが身にしみて分かっています。駆け引きも熟知しなければならず、失敗は決して許されません。これがどんなに重要なことか。アフリカ系アメリカ人の歴史で、スタンは特別な存在として、いつまでも名を残すでしょう」

しかしオニールは、自身のイメージについて曖昧な態度を取ってきた。フォーチュン誌は'02年、「アメリカの企業社会で最もパワフルなアフリカ系アメリカ人」に彼を選出しているが、彼は取材を断った。

「オニールは〝黒人のCEO〟という肩書で知られることを嫌ったんです」

元同僚の一人はそう語る。仕事上の会話で、彼が自分の民族性に触れることはほとんどなかったようだ。ジル・カー・コンウェイも言う。

「12年間にわたって彼のすぐ近くで働いてきましたが、そういうことを意識したことはありません。彼はきわめて有能で、それ以外の何者でもなく、アフリカ系アメリカ人だからということではないのです」

だが、労働者階級の出身であることについては饒舌だった。この点で、彼は大多数のウォール街のトップとは異なる。その中には、アメリカン・エキスプレスのCEO、ケニス・シュノールトなど黒人も含まれるが、シュノールトは中産階級が暮らす地域の出身だ。

毎年夏になると、メリルリンチは数十人の学生を研修生として受け入れており、その多くは貧困地域の出身者だった。オニールは彼らと会い、ウォール街で働くよう励ました。

オニールは、企業も国家も、人種の多様性によって効率的に運営されるのだと主張した。ユーロマネー誌に、「メリルリンチで際立っている点は何か？」と尋ねられた時は、「さまざまな民族や国から集まってきた人々の経歴、人格、経験の多様性だ」と答えている。

'06年までのメリルリンチは、アフリカ系アメリカ人のCEOに加え、副会長はエジプト系、グローバルマーケットと投資銀行部門のトップは韓国系、債券取引部門のトップはトルコ系だった。株式部門のトップはインド系で、市場リスク担当のトップは日系、広報担当のトップはアフリカ系アメリカ人だった。さらに主席顧問と、国際業務・技術部門のトップは女性が担当していた。

ジル・カー・コンウェイはこう語る。

「より多様性のある会社へと変わったのです。スタンはメリルの企業文化を変えました」

オニールは'05年、マーサズ・ビンヤード島の南岸に、夏用の別荘を建てた。そこはグレン・ハッチンズが所有する土地の近くだった。ハッチンズはこう語る。

「スタンは気さくな人間ですが、ハンプトン（富裕層が集まるロングアイランド東のリゾート）流に、積極的に人と付き合うほうではありませんでしたね。私たちは子供のために、グリルで魚やハンバーガーを焼いて過ごしました。テラスでビールを手にしている時の彼は、一緒にいてとても愉快な男でしたよ」

その島で、ある弁護士がディナーパーティを開いた際、オニールはハーバード大学教授で、作家でもあるヘンリー・ルイス・ゲイツ・ジュニアを紹介された。ゲイツ教授が語る。

「学術畑の人間は私だけ、周囲はお馴染みの億万長者ばかりというパーティでした。オニールはとてもハンサムでしたよ。さらに興味を抱いたのは、彼の先祖に関して。髪の感じや名前から、彼が混血であるのは明らかですが、不思議に思ったのは、奴隷の家系につ、なぜアイリッシュ系の名前が入り込んだのかということです。彼はアラバマ出身だと言っていましたが、自分の祖先について、あまり知らないようでした」

その後の'04年、ニューヨークにあるオニールのオフィスで昼食をともにした際、ゲイツ教授は、「ウォール街の大手企業で、アフリカ系アメリカ人がトップになったのは、あなたが初めてです。その当事者としてのあなたの証言は、将来の歴史家にとっても、大変貴重なものになると思いますよ」と話し、オニールに日記を書くことを勧めた。オニールはそれを穏やかに聞いていただけだった。ゲイツ教授が続ける。

「理想的なランナーというのをご存知ですか？　それは頭にジョッキを乗せた状態で、一滴もこぼさず100ヤードを走れるランナーのことです。スタンはまさにそんな感じで、決して頭も顎も動かさない。冷静沈着な人間なのです」

ゲイツ教授はオニールに、ハーバード大学のW・E・B・デュボイス・アフリカン&アフリカンアメリカン研究所の理事になるように説得した。オニールと妻は、ゲイツ教授と恋人を、ウェストチェスターの家に招待している。ゲイツ教授がさらに語る。

「成功を収める黒人には2種類の人間がいます。ひとつは、あたかもゴルフクラブや地域のカントリークラブで生まれたかのように振る舞うタイプです。そしてもうひとつは、黒人として授《さず》かった遺産を心で尊重しつつ、そこから離れた存在として生きていくタイプ。彼らは白人社会で多文化的な生活を送りながら、二つの世界を常に行き来しています。私はそういうタイプの人間が好きで、彼らこそが友人なのです。

スタンは仮面を外せますが、成功を遂げた黒人の中には、仮面を外せなくなった人もいます。彼はたまたまアラバマで黒人として生まれ、いくつかの幸運に恵まれ、熱心に働き、事業で成功しました。出自を忘れたことは一度もないでしょうし、自分の出世が何を意味するのかも自覚しているはずです。彼は何の気負いもなく、ごく自然に黒人の気質を身にまとっています。わざわざそれを意識したり、身構えたりする必要はないのです」

不動産担保証券が膨張

商品取引以外に、新世紀に入ってからとりわけ活況を呈したのは不動産マーケットだった。ウォール街の企業が不動産ブームに便乗して収益をあげるには、不動産担保証券の開発が必要だった。その際、使われたのは、旧ソロモン・ブラザーズのトレーダー、ルー・ラニエーリが'80年代に開発を手がけた利付債である。

購入者が住宅ローンを組む場合、月々の返済契約と引き換えに、まとまった資金を受け取り、長期間にわたって返済していくのが一般的だ。銀行も住宅ローン会社も、返済が終わるまで、もしくは貸し手が債務不履行に陥らない限りは、このローンを帳簿上に載せていた。ラニエーリは、何十万件もの住宅ローンをひとまとめにすれば、安定した支払いの流れが生まれ、債券発行の原資に利用できることに着目した。

ソロモン・ブラザーズが、初めて不動産担保証券の引き受けを行ったのは'79年のこと。それから20年後、その市場規模は米国の長期国債を超えるまでに膨らんだ。銀行や住宅ローン会社は、自分たちが発行した住宅ローン債券の多くを証券化して、ウォール街の金融機関に売却できることに気づいた。しかも、万一、借り手が債務不履行に陥った場合でも、債券を購入した投資家らが損失を穴埋めしてくれるのだ。

本来、住宅金融で肝心なのは、高い信用基準を維持することだった。しかし、不動産の証券化は、この融資ビジネスを、出来高本位の小売業へと変貌させた。信用基準が下がるにつれて、以前は住宅ローンの融資を断られていた低中間所得者層の多くが、高金利でもローンを組めることに気づいた。こうした住宅ローンは、サブプライムローンと呼ばれるようになった。

'01年の時点では、サブプライムローンはアメリカ全体の不動産抵当負債の8・6％に過ぎなかった。しかし、'06年には20％を超えるまでに膨らみ、その大部分が証券化されて売却された。

購入した投資家は、ローンの債務不履行が増えるというリスクを負ったが、不動産価格が上昇し続けた'06年までは、ローンの返済が滞った借り手さえも、たいていの場合はローンの借り換えができた。

メリルリンチのＣＥＯに就任したオニールは間もなく、住宅ローン部門の拡大を決めた。そして'03年に、不動産証券化のエキスパートで、当時34歳のクリストファー・リシャルディをクレディ・スイス社から引き抜いた。

クレディ・スイスの彼のチームは、当時、債務担保証券の発行元としてトップの地位にあった。債務担保証券とは、さまざまな債務を担保資産として含む利付証券で、リスクを分散できるため、投資家には魅力的な金融商品だった。

リシャルディが着任した当時、メリルリンチは債務担保証券市場の2％を支配していたに過ぎず、業績はウォール街で15位に甘んじていたが、わずか2年でトップに躍り出た。ところが'06年2月、リシャルディは数人の同僚を引きつれて退社し、債務担保証券専門の小さな投資会社コーエン・アンド・カンパニーのＣＥＯに就任した。

ウォールストリート・ジャーナルによると、当時メリルで世界市場を担当し、住宅ローン部門の管理も担っていた共同社長ダウ・キムは、債務担保証券部門に残った社員に向かって、「我が社は何としてでもトップの地位を守ってみせる」と明言し、社員の不安を振り払った。

それまでメリルは、証券化するための住宅ローン債権を、銀行や住宅ローン会社から回してもらっていたが、'06年9月、カリフォルニア州サンノゼに拠点を置く住宅金融会社ファースト・フランクリンを13億ドルで買収（同社は'05年に、290億ドルを超える額の住宅ローン債券を発行していた）。オニールは投資家向けの会議で、「この買収によって、メリルリンチは、さらに多くの不動産担保証券を発行していくことができるようになるだろう」と発言し、'06年の終わりまでに、前年度の3倍に当たる440億ドルもの不動産関連の債務担保証券を発行した。

20倍のレバレッジをかけていた

今となれば明らかなのだが、メリルリンチは住宅ローン部門を拡大するにあたり、十分な分析を行っていなかった。

'06年5月、アメリカ消費者連合は、爆発的な成長をみせる新機軸の住宅ローンに関して、「新薬か毒薬か？」と題する33ページの報告書を発表した。新機軸の住宅ローンとは、頭金不要のローンやオプションARM（借り手が毎月の返済額を決定できるローン）、簡易審査型ローンなどだ。多くの住宅ローン会社は、すでに独自の財産評価を行っていなかった。ルー・ラニエーリはこう語る。

「彼らは実に見事なローンを考え出しました。家の価値も借り手の収入も、知る必要がないのだから。おまけに、借り手は一銭も払わずに、家を購入できます。このシステムはその後、完全に崩壊しましたがね。正式な不動産鑑定も引き受け判断も、収入の証明も要らないローンなんて、私たちが不動産担保証券を市場に送り出した時は、誰一人として想像する者はいませんでしたよ」

信用基準を下げることで、ローンの不履行率は上昇していった。返済不能なローンを組む人間が大勢いたのだから無理もないだろう。

'06年夏、税務サービス大手のH＆Rブロック社は、債務不履行が増えることで子会社のオプション・ワン・モーゲージが被《こうむ》るであろう損失を補うため、引当金を追加計上すると発表した。アメリカ各地で住宅の売り上げが減少し、価格は下落していたが、メリルリンチが仲介業務に徹している限り、リスクがさほど大きくなることはなかった。

'02年から'05年にかけて、メリルリンチはローンを不動産担保証券や債務担保証券としてまとめ、それをすぐ投資家に売却していた。こうすれば、膨大な利益を少ない元手で生み出すことができた。

ところが'06年は、取引を多く抱え過ぎていたことから、住宅ローンや抵当証券を短期間で売却することができなくなった。未売却分はメリルリンチのバランスシートに残り、時間が経つにつれ、価値が下落する可能性が高まった。こうしたリスクの一部は、担保付き債券を保証する保険会社に保険料を支払うことで回避した。

一方、保険業界大手のＡＩＧが'05年末から、サブプライムローン関連を含む証券の保証を停止したことで、リスクを回避するのは難しくなっていた。そんな逆風の中にあっても、メリルは債務担保証券ビジネスを拡大し続けていったのだが、社内から反対の声はまったく上がらなかった。

メリルリンチには、リスク管理の部署が二つあった。ひとつはマーケットリスク、もうひとつがクレジットリスクを担当していた。しかもこの二つの部署の責任者は、業務報告をオニールにではなく、最高財務責任者のジェフリー・エドワーズと、副会長で管理最高責任者のアーマス・ファカハニに上げていた。ニューヨーク証券取引所の元最高経営責任者で、オニールの後任としてメリルのＣＥＯに就いたジョン・セインは、フィナンシャル・タイムズにこう語っている。

「トップの目が行き届いていなかったのです。バランスシートの管理も不充分だったし、トレーダーたちは会社全体で充分に検討されないまま、各人の収益や損益計算書に基づいて報酬を得ていました」

オニールがファカハニを重用し過ぎたと考える人も多い。'98年からともに働いてきた仲で、オニールは彼のことを「先を見通せる男」と評していたとも言われる。メリルリンチの元経営陣の一人がこう語る。

「ファカハニの影響力が大きくなることを、オニールは容認していました。彼に絶大な信頼を置いたことで、結果的には、慎重に助言できる人たちを遠ざけてしまったのですが」

一方、ファカハニに近しい関係者は、オニールは常に主要部門の責任者と定期的に会合を持っており、また、ファカハニは個々の事業に対する職権を持っていなかったと語っている。

経験者不足も一因となった。'06年7月、メリルリンチは債券部門の上級幹部ジェフリー・クロンサルと同僚2名の退任を発表した。

「クロンサルは、債務担保証券のような資産項目をバランスシートに積み上げることに、常に異議を唱えていました。リスクが高すぎると感じたからでしょう」

元経営陣はこう語っているが、オニールの側近らは、「クロンサルのそういった懸念が、オニールに直接伝えられたことは一度もない」と言う。

その後、オニールは債券部門を一人の男のもとに集約させた。メリルリンチのロンドン・オフィスで働いていた39歳のトルコ系イギリス人、オスマン・セメルシだ。ちなみにクロンサルは'07年12月、住宅ローン事業のコンサルタントとしてメリルリンチに復帰している。

損失をカバーする資金を積み立てる代わりに、メリルは資本準備金を取り崩して、利益の押し上げをはかった。

'05年末、取締役会は、オニールと役員たちに対する新たな報奨制度を承認した。その内容は、今後3年間の自己資本利益率が一定の基準を上回った場合、莫大な報奨を約束するというものだった。

自己資本利益率を基準とする方法は、ウォール街ではごく一般的なものだったが、これがメリルリンチをさらなるリスクにさらす動機づけになった。企業が自己資本利益率を押し上げる方法のひとつは、自社株の一部を買い戻すことだ。これにより資本金は減り、収益の基盤が小さくなる。もうひとつの方法は、借入金を増やし、よりレバレッジを利かせることである。メリルリンチはその両方をやった。

'06年、メリルは自社株1億1660万株を91億ドルで買い戻した。また、借入金を大幅に増やして投資に充てた。'03年6月27日には、メリルの資産総額は4800億ドルを超えていたのだが、4年後、バランスシートの資産項目は1兆ドルにまで膨れあがった。

メリルの元経営陣の一人は言う。

「取締役会が状況を理解していたかどうかは分かりません。しかし、オニールとファカハニは理解していたでしょう。彼らが株を買い戻し、資本を収縮させたことで、自己資本利益率は上昇しました。しかし、資本の収縮は危険です。メリルのような投資銀行の経営には、問題がつきものだからです。資本金が400億ドルでも500億ドルであっても、ずいぶんあるように見えるから誰も心配などしませんが、1兆ドルのバランスシートは問題です。彼らは20倍のレバレッジをかけていました。資産の価値が4~5%下がるだけで、それらは消え去ります。だからこそ、潤沢な資本を蓄えておくことが重要なのです」

オニールの支持者たちは、株の買い戻しは、報奨制度が実施される前から行われており、メリルの取締役会もそれを承認していたと指摘する。

経験豊富なトレーダーがいなくなった

収益が上昇し続けているうちは、アナリストや投資家から、メリルリンチのやり方を疑問視する声はほとんど上がらなかった。'07年1月18日の発表によると、前年の収益は104億ドルで、純利益が75億ドル。1株当たり利益は約50％上昇し、'05年は16％だった自己資本利益率が21・3％になった。

「あらゆる面から見て、我が社の歴史上、最大の成功をなし遂げた年になりました」

収支報告の席上で、オニールはこう述べた。取締役会はオニールの功績をたたえ、'06年の報酬を前年比約30％増の4800万ドルに引き上げた。

しかしこの時、住宅市場の抱える問題は、もはや無視できないところまで来ていたのだ。ゴールドマン・サックスは住宅担保証券の下落を予想し、大幅な売却を進めていた。

2月7日、世界最大の銀行のひとつである香港上海銀行が、アメリカの住宅ローン部門での不良債権を補塡するため、100億ドル以上の準備預金を計上すると発表した。

同日、住宅ローン大手のニュー・センチュリー・フィナンシャルは、前四半期の損失を発表し、4月2日には破産申請を行った。そんな中、メリルリンチの住宅ローン部門だけは、債務担保証券を発行し続けていたのである。

この時期以降、メリルリンチ内部で起きたことについては、さまざまな意見がある。住宅ローン担当のトレーダーたちは、低利回りで格付けＡＡＡの債務担保証券の売却にも、酷く苦労するようになっていたが（格付けが低く、高利回りの証券のほうがよく売れた）、それでも証券の発行を止めなかった。自社の収益と自分たちの報酬を減らすリスクを避け、売れもしない債務担保証券を会社の資産として計上し、自分たちに都合のいい市場価格をつけていたのだ。

こうした状態が少なくとも６ヵ月は続き、やがて債務担保証券の一部を自社へ売却することまで行われた。'07年６月末には、債務担保証券が資産価値より３２０億ドル上回ってしまった。前述の元経営陣は言う。

「メリルは、自分で自分の尻ぬぐいをしていたわけです。でも、金融業界では珍しくないやり方ですよ。バランスシート上に何かを積み上げ、資産が増えているふりをすればいいんです」

オニールの側近らによれば、当時、オニールは自社の保有する住宅ローンの削減に尽力しており、しかも債務担保証券の膨張について知ったのは、'07年夏になってからだったという。前年の秋、住宅市場が悪化するとの懸念から、オニールはサブプライム部門の投資エクスポージャーを抑えるよう、部下に指示を出していた。

オニールの元同僚がこう述べる。

「彼はしぶとい男です。病的に疑り深いところがある。ビジネスの急激な成長を目の当たりにして、不安にかられたのでしょう」

オニール寄りの情報筋によると、'07年の前半を通じ、債券部門の担当者は常にオニールや取締役会に対して、サブプライム関連のエクスポージャーの削減について、報告を怠らなかったという。しかし、バランスシート上の債務担保証券の増加に関しては、債券部門でも、リスクや財務の担当部門でも、上層部に報告を上げた者は誰一人いなかった。元幹部は語る。

「当時はどういうわけか、住宅ローン事業の担当者たちは、サブプライム関連のエクスポージャーと債務担保証券を、会計上は別のものとして扱っていました。債務担保証券が内包するリスクについても、あまり深くは考えていなかったようです。債務担保証券の格付けがAAAでしたから。にわかには信じがたい話かもしれませんが、事実はそんなところだったと思います」

しかし、関係者の中には、オニールが債務担保証券の存在を知らなかったという意見に異議を唱える人もいる。デヴィッド・コマンスキーは言う。

「オニールはきっと、詳しいことは知らなかったのでしょう。しかし、まったく把握していなかったとは思えません」

また、別の元幹部はこう主張する。

「'06年末、オニールはリスクの軽減策について指示を出しています。主な方法のひとつが、自社の所有するサブプライムローンを債務担保証券へ転換することでした。この計画の進捗状況については、債券部門の責任者オスマン・セメルシや彼の部下が、定期的にオニールへ報告していたはずです。オニールが、'07年の夏になってから突如として債務担保証券のエクスポージャーに気づいたなんて話は、ばかげていますよ」

メリルリンチ自体はコメントを一切拒否している。

5月初旬、メリルで世界市場を担当していた共同社長のダウ・キムが会社を離れ、ヘッジファンドの設立を発表した。オニールは、年末までは留まるようキムを説得したが、聞き入れられなかった。オニールはキムの後任を置かず、代わりにアーマス・ファカハニと、もう一人の共同経営者だったグレゴリー・フレミングを、共同社長兼共同最高執行責任者に任命した。その結果、メリルリンチの重役陣には、経験豊富なトレーダーが一人もいなくなってしまった。フレミングは銀行家で、ファカハニは事業運営が専門だったのだ。

300億ドルが大した金額には思えなくなった

ファカハニは6月1日から新たな職務に就き、その週のうちにヨーロッパと中東を回った。メリルリンチがビジネスを拡大しているエリアだ。ファカハニのリヤド滞在中に、ベアー・スターンズが、傘下のヘッジファンドの損失を補填するため、30億ドル以上を拠出したと発表した。債務担保証券などサブプライム関連証券に、過剰に投資をしたことが原因だった。オニールによれば、彼はこの時初めて、メリルリンチが大量の債務担保証券を持っていることを知ったという。

元メリルの上級管理者によると、ファカハニはニューヨークへ戻ってすぐ、ダウ・キムに電話をかけた。

「一体これはどういうことだ？」

ファカハニは、債務担保証券についてキムに問い質した。「分かりません」とキムは答えた。オニールもキムに2度連絡をとったが、やはり同じ答えが返ってきたという。しかし、キムは広報担当を通じて、「そんな会話をした覚えはない」と言っている。広報担当者はこう話す。

「'07年5月16日以降、キム氏はメリルのリスク管理、取引、その他の業務に関わっておらず、またそれらに対する権限も持っていませんでした。同社の首脳陣がこの問題に関し、キム氏の助言や情報提供を求めてきたという事実も一切ありません」

オニールとファカハニは、住宅ローン事業の責任者である幹部社員二人と話し合った。オスマン・セメルシと、ストラクチャード・クレジット商品部を統轄していたデール・ラタンジオだ。前述の元上級管理者によると、セメルシとラタンジオは、「債務担保証券市場はいずれ安定し、メリルリンチの保有分は売却できるだろう」と主張した。

ベアー・スターンズの発表にもかかわらず、金融市場が深刻な危機に陥りそうな徴候は、ほとんどなかった。7月17日、NYダウは終値で初めて1万4000ドルを突破した。その2日前にメリルリンチは四半期の収益を発表、'06年同期比で30%増の21億ドルだった。

「この数字を達成できたのは、メリルが多様な収益源を持っているからであり、そのおかげで、波乱含みの市況にあっても、好成績をあげることができたのです」

オニールはその時の声明の中で、債務担保証券については言及していない。また、メリルリンチの社員に配られた書類に、オニールはこう記している。

《過去6ヵ月の努力の結果、我々はこの困難な債務担保証券市場において、有利なポジションを得ることに成功した。積極的なマーケット戦略により、リスクの高いエクスポージャーを大幅に削減したのだ》

債務担保証券に関する詳細を知った後も、オニールはメリルリンチが直面している問題の大きさに、どうやら気づいていなかったようだ。元上級管理者の一人が語る。

「今考えれば奇妙なのかもしれませんが、1兆ドルのバランスシートの上では、300億ドルという数字は大した金額には思えないのです。やることは、ほかにもいろいろとありましたから」

ところが7月下旬になると、クレジット市場は急激に冷え込んだ。ベアー・スターンズは、業績が悪化した傘下のヘッジファンドがいまだに立ち直っていないことを明らかにし、NYダウは4・2％下落、過去4年間で最悪の週になった。

8月6日、金融大手のアメリカン・ホーム・モーゲージが破産申請を行い、その3日後には、仏銀大手のＢＮＰパリバがファンド3本の解約等を停止。これらのファンドは、アメリカのサブプライム証券に投資していた。

パリバの発表を契機に、金融会社同士が日々貸し借りを繰り返してきた世界の金融市場がパニック寸前に陥った。次に大幅な損失を公表するのはどの会社なのか、予測もつかない中、多くの銀行が貸し付けを停止するという単純な措置を取った。

8月10日、欧州中央銀行は資金の循環を促すため、約１３００億ドルを市場に投入。大西洋を挟んだアメリカでは、Ｆｅｄ（連邦準備制度）が銀行に必要なだけのキャッシュを貸し付けることを表明し、金融市場の流動性を保持した。

当面の悲劇はまぬがれたが、最も重要な問題は残されたままだった。住宅ローン市場の崩壊だ。

8月15日、住宅金融会社カントリーワイド・フィナンシャルの株価が急落した。同社がすぐにでも破産申請を行うのではないかと懸念されたからだ。

カントリーワイドの業務はメリルリンチ同様、いつでも短期融資が受けられることを前提に成り立っており、オニールは自社が危機に陥った場合の資金繰りに不安を感じた。彼はファカハニとフレミングに、どんな事態になっても充分なクレジットラインを確保できる状態にしておくよう指示をして、8月末に2週間、マーサズ・ビンヤード島での恒例のバケーションに出かけた。

会社とは毎日連絡を取りながら、オニールはゴルフコースを4回まわった。スコアは83が1回、85が2回、87が1回だった。

チームを信頼し過ぎた

オニールの支持者の中には、住宅ローンの危機に対して、「彼があまり積極的に対処していないことに驚いた」と告白する者もいる。元上級管理者が語る。

「仕事への情熱が薄れていたことは確かです。最初の6年間でオニールは会社を変革しました。一人でCEO5人分の働きをしたのです。その挙げ句に疲れ果てて、直属の部下に頼り切るようになっていったのです」

元幹部の一人はこうも語る。

「オニールを恐れるあまり、面と向かって悪いニュースを伝え、現実に何が起きているのかを話す者がいなかったんですよ。ファカハニはオニールの親友で、ジェフ・エドワーズは気弱なところがあった。グレッグ・フレミングは銀行家だから、トレード部門の人間は、彼の話になど耳を貸しませんでした」
メリルリンチの元上席取締役ジル・コンウェイはこう語る。
「ひとつ言えるのは、オニールが本当に信頼していたのは、ごく限られた幹部だけだったということです。グレッグ・フレミング、アーマス・ファカハニ、ダウ・キムといった人々です。オニールは急激に変化するマーケットの中で、会社のポジションをどのように保つかを考え、そのための戦略を重視しました。日々の業務を確実にこなす忠実な幹部たちに囲まれ、彼はご満悦でした。このやり方は、最初はとてもうまく機能したのですが、サブプライム危機が起こったため、行き詰まったのです。

オニールが失敗したのは、警告を無視したからではありません。実行力に富み、有能と考えていたチームを信頼し過ぎたんです」

バケーションから戻ったオニールを待っていたのは、さらに悪い知らせだった。サブプライム関連のエクスポージャーを減らし、リスクを回避しようと、住宅ローン部門が必死の努力を重ねたにもかかわらず、帳簿にはまだ数百億ドルの債務担保証券が残っていたのだ。第3四半期の終わりが1ヵ月後に迫り、メリルリンチはいよいよその評価損を計上せざるを得なくなった。損失額は、数十億ドルにのぼると思われた。

ファカハニはオニールに、「セメルシとラタンジオを異動させたほうがいいだろう」と助言した。

問題の深刻さを伝えていなかった

債券投資や融資の各部門は、所有する債務担保証券の評価法について話し合った。事実上、取引はないため、通常の証券のように市場価格を参考にすることはできない。代わりに導入されたのが、数理的な価格付けモデルだった。こうした価格付けモデルでは、住宅価格の動向や住宅ローンの不履行率など、さまざまな因子を元に価格をはじき出している。参考にする数値に少し手を加えれば、価格が大幅に変わる場合もある。二人の元上級管理者が語る。

「セメルシとラタンジオは、住宅市場に関して悲観的な分析が出ているため、問題が大げさに扱われていると言いました。サブプライムローンの借り手の大多数は、今もきちんと毎月の返済を行っているというのが、彼らの考えの根拠でした」

しかし、セメルシとラタンジオに対する信頼をすでに失っていたオニールとファカハニは、10月3日、彼らの退任を発表した。

その2日後、メリルリンチは自社保有の債務担保証券など各種ローンの価格が下落したことにより、約50億ドルの損失を計上すると発表した。これは同社史上で、格段に大きな損失だった。

退任と損失の発表の時期が重なったことから、ウォール街ではオニールがサブプライム問題の責任を、セメルシとラタンジオに負わせたという見方が広がった。一部の社員や元社員の間でも、当該業務の担当になって1年しか経っていなかった二人がスケープゴートにされたという噂が広まった（セメルシとラタンジオはコメントを拒否している）。

評価損の計上を公表したプレスリリースには、同時に、第3四半期の損失が1株当たり50セントになる見込みであるとも記されていた。オニールにとってCEO就任以来、初めての損失だったが、彼は楽観的な態度を崩そうとはしなかった。

「我が社の中核をなす確かな業績と販路、資本や流動資金をもってすれば、長期的には必ずや、株主の皆さまに多額の利益をお届けできるはずです」

オニールは、取締役会はまだ自分の味方だと思い込んでいた。取締役10人の中には、オニールが友人と呼んでいる人間も含まれていた。保険会社チャブのCEOジョン・フィネガンとは、ゼネラル・モーターズでともに働いた仲だったし、フロリダの不動産開発業者アルマンド・M・コディーナとは、同時期にゼネラル・モーターズの取締役を務めたことがある。個人株式投資家のアルベルト・クリビオーレや、ビール会社ミラーの元重役ヴァージス・コルバートもいた。

しかし、今回の取材で何度か耳にしたのは、「住宅ローン部門が抱える問題の深刻さを、オニールはきちんと伝えていなかった」という取締役たちの声だ。

第2四半期の収支発表がとっくに終わっていた7月下旬に、ようやくファカハニは取締役の一人にEメールを送り、メリルリンチが債務担保証券を大量に保有していることを知らせている。取締役会は8月9日、ファカハニとフレミングからの3枚綴りの手紙によって、投資に関する詳細を知るに至った。

彼を信じ続けるのは難しかった

第3四半期の決算について話し合う取締役会は、10月21日の日曜と、22日月曜に設定された。80億ドルの評価損により、メリルリンチの資本金が大幅に減少することを知っていたオニールは、これをきっかけに流動性の危機が起こり、カントリーワイド社と同じ苦しみを味わうことになるのを恐れた。それに加えて、住宅ローン投資の評価損が増える可能性もあった。

資本金調達の方法はいくつかあった。まずは、周辺業務を整理すること。同社が保有する金融情報会社ブルームバーグの20％分の株式などが対象になるだろう。あるいは、株式を現株主や新たな投資家に追加発行するという手もある。'91年には、商業用不動産で多大な損失を被ったシティグループが、5億9000万ドル分の優先株を、サウジアラビアの富豪アルワリード・ビン・タラール王子に発行している。もっと最近では、未公開株投資会社ブラックストーンが、中国投資有限責任公司に株式を大量に発行した例もある。

だが、いずれの方法にも、オニールは魅力を感じていなかった。実のところ彼は、心の中で過激な代替案を温めていたのだ。他企業との合併である。

オニールはこれまでにも、複数のライバル企業のCEOと、合併の可能性について話し合っていた。いずれも具体的な結論には至らなかったが、大銀行との合併というアイデアは悪くないと考えていた。彼の胸には、消費者向けの銀行業務と資産運用は、最終的にはひとつの企業で行うべきだという考えがあったのだ。

こうした合併には前例があり、ワコビアやバンク・オブ・アメリカは、過去に資産運用の企業を買収していた。メリルを銀行と合併させれば、資本が増えるのはもちろんのこと、会社経営の見通しもがらりと変わるはずだ。メリルが仲買業務に加え、銀行業務も提供するとなれば、顧客はさらに増えるだろう。

10月19日金曜、オニールはワコビアのＣＥＯであるＧ・ケネディ・トンプソンに電話をして、合併について打診した。だが、トンプソンは言葉を濁し、１分も経たずに会話は終わった。

翌日、グレッグ・フレミングがトンプソンと電話で話した結果、ワコビアには合併に応じる用意があることが分かった。オニールは取締役会メンバー数名を招集し、ワコビアの意向を伝えた。

10月21日の日曜、ディナーの席に取締役会のメンバーが一堂に会した。そして、第３四半期の収益予測について話し合った。84億ドルの損害のうち、79億ドルは住宅ローン証券から生じたもので、社にとっては23億ドル、１株当たり２ドル85セントのマイナスとなっていた。オニールは資産の売却や、新株の発行など、前期とのバランスシートの差額を埋めるための選択肢をあげた。そして、ワコビアに対して行った提案をみなに語り、大手銀行との合併が最も魅力的な方法だという持論を明らかにした。

元役員によれば、ワコビアがオニールの提案に応じる意向であることを知った取締役会は唖然とし、「何をそんなに慌てるのだという雰囲気だった」という。

「そのような提案に乗るのは、時期尚早だと感じました。そのための準備も何も整っていませんでした。まさに寝耳に水でしたね」

翌日も彼らは話し合い、午後はオニール抜きで会議が続いた。これは、彼の動きに対する不満を表していた。デヴィッド・コマンスキーが言う。

「私は長年、会長を務めてきましたが、誰かに会社を売るという話はしたことがありません。それに、もし合併しようとしたとしても、まず取締役会の承認を得たでしょう。私に電話をかけてくる者、取引を持ちかけてくる者、そんな人はたくさんいましたが、会社を売れという人間には決して近づきませんでした。私は今、ある株式会社の取締役会のメンバーをしています。もし、CEOが会社を売ろうとしていたら、彼を信じ続けることはできないでしょう」

彼は誤った道を選んだ

ワコビアの話を知って、オニールの支持者でさえ驚きを隠さなかった。その中の一人が語る。

「オニールは取締役会の意見を聞くべきでした。『ここにいくつかの選択肢がある。資金の調達、業務縮小、あるいは何らかの改革。これらを綿密に分析した結果だけど、どうだろう？』とね。ワコビアの件で、すべてがひっくり返ってしまったのです。火事になって火を消そうとしている家の裏に、車が突っ込んだようなものですよ。誰だって思うはずです。『一体全体、何が起こったんだ？』とね」

別のオニール支持者は言う。

「スタンのために働くのは好きでした。でも、別の解決策があったはずなのに、誤った道を選びましたね。彼は細かく分析をして、その帰結に従う人間です。それなのに第2案を選んだのは、彼らしくなかったと思います」

10月24日水曜、ウォール街で取引開始のベルが鳴る前に、メリルリンチは第3四半期の決算を発表した。そして10時、オニールはウォール街のアナリストらとの電話会議に、エドワーズ、フレミング、ファカハニとともに参加した。

その場でオニールは、「サブプライムローン問題に関わったせいで、事態を誤って判断してしまった。そしてマーケットの流動性が収縮し、経済が悪化したことで、大きな損害を被った。これは住宅ローンのリスクマネジメントにおける失敗だ」と語り、「私には会社の業績すべてに責任がある。この失敗についても責任を感じている」と付け加えた。

不満そうにしていたアナリストに対し、オニールとエドワーズは、「メリルリンチは、どの企業よりもサブプライムローン問題に関する情報を多く公開してきた」と主張したのだが、ドイツ銀行のマイク・マヨが次のように言う。

「だが、同業者らは80億ドルもの損害は被ってはいませんよ」

6日後、メリルリンチの取締役会がオニール辞任の条件を承認した。

「不幸な出来事に巻き込まれた」

'08年1月、メリルリンチは住宅ローン証券に関連して、さらに115億ドルの評価損を計上した。また、アナリストらとの電話会議では、帳簿にはあと300億ドルの債務担保証券が記載されていることも明らかになった。メリルリンチの損害の大きさから言えば、「オニールは解雇されてしかるべきだった」という批判も当然だろう。

が、メリルリンチ取締役会の経営委員会会長ジョン・フィネガンは、「オニールを解任する理由はなかった。メリルリンチの内規に違反したり、道義に反することを行っていたわけではなかったのだから」と語っている。また、「CEOを務めていた最初の5年間、オニールは再構築、再配置、社の発展という重要な局面において、強固なリーダーシップを発揮しました。彼の業績は、その後の失敗によって損《そこ》なわれてしまいましたが、世界に広がるフランチャイズが健全で活力に溢れているのは、彼のリーダーシップと方向づけによるもの」と指摘している。

ジル・コンウェイはオニールを「目的を何もかも達成した、卓越したCEO」と称《たた》え、「彼は会社の構造改革を行い、安売りの特売品のような人たちを排除し、若手のエグゼクティブチームを結成して、社が直面しているすべての問題を処理した」と評価した。

オニールの後継者になったジョン・セインは裕福な顧客に注目し、新分野を拡大するという戦略を引き継いでいるが、その事実こそが、オニールの功績についての大きな証左ともいえる。

抵当証券ビジネスを縮小したことや、ファースト・フランクリン・フィナンシャル・コーポレーションの一部を売りに出したことはさておき、セインはほとんど何も変えていない。大手の資産運用会社レッグ・メイソンの共同創立者チップ・メイソンは言う。

「スタンが引き継いだ時、メリルはとても厳しい状況にありました。彼らが世界の列強に戻るつもりだったかどうかは分かりませんが、とにかく彼はそれをやってのけた。コストを削り、会社を立て直したんです。起きたことの良し悪しはともかく、メリルはウォール街の一流企業と言えるでしょう」

辞任の時の条件により、オニールは'09年まで、ウォール街の企業に勤めることができない。だが、非公開投資の会社や製造業などであれば、止めることはできない。オニールは最近、アルコア社（米国最大のアルミニウム製造会社）の理事会に参画している。現在は非公開投資会社の業務執行パートナーになっているロナルド・ブレイロックがこう語る。

「毎日ゴルフやゲームに興じているだけのオニールなんて、想像できませんね。彼のDNAには、そんなものは組み込まれていないと思いますよ」

オニールの友人らによると、メリルリンチでの経験について、最近の彼は哲学的になっているという。アパートメントを訪れた知人とコーヒーを飲みながら、オニールはウォール街の大企業の運営を、悲劇のスペースシャトル「チャレンジャー号」の宇宙飛行士にたとえたという。

「チャレンジャー号は、エンジニアがすべてをチェックし、システム上の問題はなかったと言われている。しかし、正しい温度でテストされていなかったOリングが機能しなくなり、結果、大事故になってしまったんだ」

メリルリンチ時代、チャレンジャー号のことをたびたび思い出したというオニールは、「そんな不幸な出来事に、自分自身が巻き込まれようとは思いもしなかった」と付け加えたのだった。

●その後のスタンレー・オニール

メリルリンチの元会長もまた、公の場からは遠ざかっている。現在はアルミニウムの大企業アルコアの取締役であり、ハーバード大学のW・E・B・デュボイス・アフリカン&アフリカンアメリカン研究所全国諮問委員会のメンバーでもある。'08年9月、ビジネスウィーク誌はオニールがヘッジファンドへの参加を考慮中だと伝えた。'09年4月現在、彼のゴルフのハンデは7・2と好調である。

金融メルトダウンの解剖

Anatomy of a meltdown
The New Yorker,Dec.1,2008

©REUTERS / AFLO

Ben Bernanke

ベン・バーナンキ

Fed（連邦準備制度）議長

●

1953年生まれ。ハーバード大学卒。マサチューセッツ工科大学で経済学博士号を取得。

プリンストン大学経済学部教授、学部長等を経て、2002年にFed理事。

'06年2月にFed議長に就任した。


記事初出「ニューヨーカー」2008年12月1日号

突飛な行動をとらない人物と思われていた

生まれつき過激な人間もいれば、少しずつ過激になっていく者もいる。中には、やむなく過激な道を歩まざるを得なくなった者もいて、近代金融システムの崩壊に直面したベン・バーナンキなどは、まさしくその典型であろう。

ワシントンD.C.の霧の低地、コンスティテューション通りにひっそりと立つ、大理石造りのFed（連邦準備制度）本部に、議長のバーナンキは毎日、週末であっても朝早く通ってくる。霊廟《れいびょう》のように静謐《せいひつ》な建物の中は、言うなれば支配階級の保護区である。音がこだまする廊下の壁には、黒ずんだ絵画が並べられている。

バーナンキは穏やかな話し方をする、1953年生まれの元教授だ。天井が高いオフィスの書棚は、その数段が経済学の教科書で占められ、机の上には経済専門通信社ブルームバーグの端末が載っている。そばのクロゼットの棚には、くたびれたスポーツ・バッグが置かれていて、何事もない日はそれをFedのジムに持ち込み、スタッフ寄せ集めのメンバーでよくバスケットボールに興じた。

長年、経済学を教えたプリンストン大学では、遠慮がちな振る舞いと、統計表を組み込んだ大恐慌に関する研究で知られていた。

２００６年2月にジョージ・W・ブッシュ大統領によってFed議長に任命されると、バーナンキはそのあと1年以上もの間、前任者で、カリスマ的な自由市場主義の保守派アラン・グリーンスパンの政策を忠実に守った。インフレをコントロールし、雇用をキープするという中央銀行の公式的な権能を堅く守ったのだ。

しかし、サブプライム住宅ローン市場が崩壊した'07年の夏以降、深刻化する金融危機のため、思いも寄らぬ方法でウォール街に介入することになる。

金利を引き下げ、新たな貸し出し計画を促進し、揺らぐ金融機関に対して何十兆ドルもの支払い延期の措置を取り、GE（ゼネラル・エレクトリック）をはじめとする企業の社債を買い、不良抵当資産を買い取ることまでやったのだ。'08年3月には、破産寸前の投資銀行ベアー・スターンズをJPモルガンが吸収合併する際、Fedはベアー・スターンズ保有の不良抵当資産（２９０億ドル相当）を引き取った。

これらの動きが、マルクス主義者的な意味での革命をもたらすとは言えないが、賛否の違いはあれ、アメリカ経済と政治の現代史において、ひとつの重大な分岐点になったと、多くのエコノミストは考えている。

そもそもバーナンキは、専門的な技量を持っているだけでなく、突飛な行動をとらない人物であるからこそ、議長に任命されたはずだった。しかし、1913年のFed創設以来、その権威をかってないほど大胆不敵に行使する議長になったのである。

無分別が報いられてはならないが

バーナンキは金融危機が深刻化する中、能弁な元投資銀行家のヘンリー・ポールソンと緊密に協力し合いながら、ことを進めた。金融機関が立ち直る時間を作るために、さきに説明したいくつもの政策——彼はそれを「決壊寸前の堤防の穴を指でふさぐ戦略」と名付けた——を実行した。

その戦略はほぼ1年後、'08年のレイバーデイ（9月の第1月曜）の寸前になって、ようやく効果を発揮し始めた。信用市場が機能して経済が拡大、ゆっくりとではあるが石油価格は下落し、住宅価格も不確かながら安定する兆しがあった。

「うまくいかなくなる可能性はまだ大きいけれども、少なくとも私には、この危機から比較的無傷で逃れる道が見えてきましたよ」

'08年の8月、バーナンキはオフィスを訪れた者にこう話している。

しかし、9月半ばには事態が暗転した。9月15日の月曜、サブプライム住宅ローン証券で失敗したリーマン・ブラザーズが、破産保護を申請したのだ。救済策が行き詰まり、他社にも売却できなかったからだ。

バンク・オブ・アメリカがメリルリンチの買収を発表し、最大手の保険会社ＡＩＧは、自社救済の可能性について、ニューヨーク連邦準備銀行と協議を始めた。その後の48時間で、ダウ工業平均は３００ポイント下落した。

それだけでなく、優良投資銀行のゴールドマン・サックスとモルガン・スタンレーもトラブルの渦中にあった。資金繰りに苦しんでいるという噂が広がり、株価が暴落したのである。ウォール街のある上級役員はこう言う。

「ゴールドマンとモルガンでも、取り付け騒ぎが起きました。客が残金を引き出し始めたんです。ビジネスの取引相手も、抵当のさらなる差し入れを要求し始めました」

この2行への〝ライフライン〟の創設について、Ｆｅｄは早速、ウォール街の幹部と協議を始めた。中央銀行の資金へアクセスしやすくするだけでなく、もっとドラスティックな行動が必要だとバーナンキは判断した。ＡＩＧに８５０億ドルの注入を決めた翌日の9月17日水曜、彼はポールソンとともに議会を訪れ、銀行業界全体を緊急救済の対象にするよう求めたのだ。

「それまでのやり方では、もう持たなかったでしょう。Ｆｅｄの資金だけでは、まったく足りなかったからです。それに、議会に事態を把握させることが、民主主義という観点からいっても重要だったのです」

ポールソンもこれに同意した。緊急救済はブッシュ政権の自由市場主義に反するし、「無分別が報《むく》いられてはならない」というポールソン自身の信条にも反していた。しかし、ゴールドマン・サックスのＣＥＯを務めていた期間を含め、ウォール街で32年間働いてきた彼にとっても、今回の金融危機は未曾有の規模だったのである。

ポールソンはバーナンキの判断に敬意を表し、「緊急時にはプラグマティズムがイデオロギーに勝る」という彼自身の信念を披瀝《ひれき》。翌日、二人は一緒に大統領に会うことにした。

問題の深刻さを誰も分かっていなかった

'08年10月3日、議会は修正緊急救済案を可決し、７０００億ドルにのぼる抵当資産を銀行から買い上げる権限を財務長官に与えた。

しかし、ウォール街の大混乱は続いた。10月6日から10月10日の間にダウは18％下落して、ここ１００年間で最悪の週になった。売りは海外市場にも広がり、Ｆｅｄがリーマンの救済に失敗したことは、容赦なく非難された。

クリスティーヌ・ラガルド仏財務相は、「グローバルな金融システムを脅かす、とても大きな誤り」と語り、ロンドン・ビジネス・スクールのリチャード・ポルテス教授は、フィナンシャル・タイムズ誌に、《アメリカ当局がリーマン・ブラザーズを放棄したことは、バーナンキ以降の世代の金融史家によって厳しく批判されるだろう》と書いた。

バーナンキの昔からの友人で、プリンストン大学経済学部の同僚であり、'94年から'96年にかけてＦｅｄの副議長でもあったアラン・ブラインダーでさえ批判的で、私にこう語ったほどだ。

「リーマン放棄を決める前は、いろいろと議論もあっただろうが、今、はっきりしたのは、リーマン沈没の日に、すべてが瓦解へ向けて動き始めたということだ」

バーナンキとポールソンに対する最も厳しい非難は、危機への対応が場当たり的で矛盾しているというものだった。

たとえば、ベアー・スターンズは救ったが、リーマン・ブラザーズは見捨てたこと。あるいは、サブプライム危機から生じる危険を何ヵ月にもわたって否定しておきながら、唐突に「事態が深刻だから」と巨額の緊急救済を正当化したこと。さらには、不良抵当債券の買い上げに7000億ドルが必要と言いながら、その金を銀行の株購入に充てたこと、などだ。

ワシントンにあるリベラルなシンクタンク、経済政策研究センターのディレクター、ディーン・ベーカーは、バーナンキに対する不満をこう要約してみせた。

「局面ごとに立ち遅れてしまったんです。住宅バブルが弾けるまでバブルと分からず、'08年の夏にいたるまで、あらゆるリスクを過小評価していました。政策面で言うと、明晰な思考を感じさせるものがなかった。ある方向を指し示しながら、くるりと一転、今度は違う行動を取るようなことが多かったから」

バーナンキとポールソンによる180度の方向転換は、人々の不安をより深刻なものにした。失職したり、住宅ローンの支払いができなくなっている何百万ものアメリカ人にとっては、とりわけ深刻だっただろう。

この1年半の間、政府は未曾有の規模と複雑さをあわせ持つ金融崩壊に直面してきたのだが、モルガン・スタンレー会長兼CEOのジョン・マックに言わせるとこうなる。

「問題が潜んでいることは、誰でも知っていました。ところが、それがどれくらい巨大で、グローバルで、根深いものなのかを分かっている人間が、実は一人もいなかったのです」

危機に対応する形で、バーナンキはＦｅｄを〝金融セクターの大黒柱〟へと効果的に変えていった。１・５兆ドル以上を銀行と投資会社に貸与し、さらに約１・５兆ドル相当の財務保証を与えることで、Ｆｅｄは世界資本主義の最初にして最後、そして時には唯一の貸し手となったのである。バーナンキと密接に働くＦｅｄの理事の一人、ケヴィン・ウォーシュは証言する。

「Ｆｅｄの新たな〝プレーブック〟を作る必要性さえ感じました。昨年（'07年）のような状況下では、ルールに抵触するようなこともやらざるを得なかったのです。その数は、Ｆｅｄがこの70年間に実行した同じような政策の総数を、はるかに超えていますね」

ニューヨーク・タイムズのコラムニストで、バーナンキのプリンストン大学での同僚であり、'08年度ノーベル経済学賞の受賞者ポール・クルーグマンはこう語った。

「バーナンキはＦｅｄを型破りな存在に変えましたが、世界のどの国の中央銀行総裁が、そのようなことを実行できるでしょうか。今となっては、バーナンキの政策が不十分だったと言うことはできます。しかし、それはバーナンキが間違ったというより、Ｆｅｄの力に限界があったということではないでしょうか。事態がもっと悪くなってい
た可能性も大いにあるのだから」

そもそも２０００年の初頭まで、ベン・バーナンキはプリンストン近郊の、モンゴメリータウンシップという小さな町に住む、ほとんど無名の教授に過ぎなかった。現在の彼の顔は、長時間の仕事と、もの凄いストレス、そして絶え間なく浴びせられる批判で、青白くやつれて見える。ダラス連銀総裁リチャード・フィッシャーは言う。

「ベンは大変上品で、誠実な人間ですが、問題なのは、彼の今の仕事にとって、そのことが有利に働くのかどうかということです。もし、彼の身長が元Ｆｅｄ議長のポール・ヴォルカー並みに２ｍくらいあれば、もの凄く有利だったでしょう。またもし、ジェリー・コリガン（元ニューヨーク連銀総裁で、'87年の金融危機を乗り切った）のようなタフな悪党だったら、これも大変有利だったはずです。結局のところ、誰もが自分の持ち味を活かしてやっていくしかないのですが、バーナンキの場合は、並外れた頭脳と、過去の金融危機に関する知識、それに申し分のない性格が武器になります。加えて、良い人たちに囲まれ、彼らの専門的知識が使えること。これらを活用すれば良かったのです」

Ｆｅｄ議長として、バーナンキは前例のない住宅バブルと、借金漬けの経済を引き継いだ。それは驚くほどの速さで崩れ去った。今回の金融危機の唯一の先行例はあの大恐慌だが、それすらも比較の対象としては適当でない。'30年代の金融システムは、今のように洗練されておらず、相互依存の度合いも小さかった。ＣＤＯ（債務担保証券）や、ＣＤＳ（貸付債権の信用リスクを保証してもらうオプション取引）といった難解な金融商品に取り組むため、バーナンキと彼の同僚は、当惑するほど複雑な市場取引のエキスパートになるしかなかった。

詩を作り、サキソフォンを吹いた

バーナンキはノースカロライナからの州境を越えてすぐのところにある農業の町、サウスカロライナ州のディロン育ちである。父方の祖父で、オーストリアからのユダヤ系移民であったジョナス・バーナンキが、１９４１年にそこで雑貨店を始め、父と叔父がその店を継いだ。３人きょうだいの長男であるバーナンキは幼稚園で読み方を習い、小学１年は飛び級で進んだ。

11歳の時、サウスカロライナ州のスペリング・チャンピオンになり、ワシントンで全国大会に挑んだ。2回戦まで進んだところで、「エーデルワイス」が出題された。これは映画『サウンド・オブ・ミュージック』に出てくるアルプスの花だが、ディロンには映画館がなく、バーナンキはその映画を観ていなかった。

「もし、その花の名を正しく綴って優勝していたら、夢だった『エド・サリヴァン・ショー』に出演できたのにね」

のちにバーナンキは、友人にそう語っている。

ハイスクールに進むと微積分を独学で習得し、州の作詩コンテストには11作品を応募、パレードのバンドではサキソフォンを吹いた。

高校2年生の時のSAT（大学進学適正テスト）では1600点満点中1590点を達成。サウスカロライナでは、これがその年の最高得点になり、州はバーナンキにヨーロッパ旅行の賞を与えた。

'71年秋、彼はハーバード大学に入学し、卒業論文は「合衆国エネルギー政策の経済効果」をテーマにまとめた。卒業後は、経済を学ぶ場として最高位にランクされるMIT（マサチューセッツ工科大学）に入った。博士号は、経済変動の要因に関する難解な数理論文で得た。その後、スタンフォード大学経営大学院で教え始め、ウェルズリーカレッジの4年生だったアンナ・フリードマンと出会っている。バーナンキとアンナは、彼女の卒業直後の週末に結婚したのだが、彼女もスタンフォード大学の修士課程へ進み、スペイン語を専攻した。

二人が北カリフォルニアに住んで6年後、当時31歳のバーナンキは、プリンストン大学の終身教授職という地位を得た。モンゴメリーに居を定め、その後医学生になった長男ジョエルと、セントジョンズカレッジに進学した長女アリッサを育て上げた。

2001年の段階で、バーナンキはアメリカン・エコノミック・レビュー誌の編集者であり、教科書として評価の高い『経済学原理』の著者として、ロバート・フランクと名を並べていた。彼の学問的関心は、「形式的なインフレターゲットを設定する理論的メリット」といった難解な事柄から、大恐慌の要因を含む歴史的問題にまで及ぶ。歴史的な出来事について書く時でも、研究成果の大部分は、素人には理解しにくい専門用語で表現された。

「ベンは学界にとどまり続けるだろうと思っていたのだが……」と、ニューヨーク大学のエコノミストで、'79年からのバーナンキの知己《ちき》でもあるマーク・ガートラーが言う。

「ところが、二つのことが起こったのです」

ひとつめは、'96年にプリンストン大学の経済学部長に就任したこと。それは学者にとっての〝真の仕事〟から遠ざかるものと思われたが、バーナンキは2期6年を務め上げた。彼の管理下で新プログラムが発足し、ポール・クルーグマンのような屈指の学者が、バーナンキ自身の誘いによって招聘《しょうへい》された。さらに、理論経済学者と実証研究家の間に昔からある亀裂を修復してみせた。平和共存するための予算を確保し、外交的な努力を重ねたのである。大学の同僚だったアラン・ブラインダーは言う。

「ベンは少数意見を尊重することに長《た》けていました。たとえば、ディベートで否決された側に、『でも、我々の意見はくみ取ってもらえた』という印象を残すことができたのだから」

そして二つめの出来事が、'99年夏に起こった。

ネット株ブームがピークにさしかかった頃、バーナンキとガートラーは、カンザスシティー連銀が主催した年次総会に招待されたのである。ワイオミング州にあるリゾート、ジャクソンホールで開かれたその会議の題目は、「通貨政策への新しい挑戦」。現在と同じように当時も、中央銀行が利率を上げて投機的バブルに対抗すべきかどうかに関して熱い議論があった。借り入れコストを上げることで、Ｆｅｄは少なくとも理論上は投機的な活動を抑え、株や不動産などの価格高騰を防ぐことができる。しかし、バーナンキとガートラーは、Ｆｅｄがとるべき政策に関して、「バブルは無視して、インフレをコントロールする旧来の政策に注力すべきだ」と主張した。バブルが進み、それが弾けても、「被害を軽くするため、Ｆｅｄはいつでも利率を下げることができる」としたのだ。

その主張を裏付けるため、二人は一連のコンピュータ・シミュレーションを提示した。それはインフレをターゲットとする政策のほうが、バブルをターゲットにするより、経済的な安定には効果があるように見えた。彼らのプレゼンテーションに対する反応は、さまざまだった。エコノミストのヘンリー・カウフマンは、「Ｆｅｄが激しい投機を見過ごすのは無責任だ」と語り、ＭＩＴのルディ・ドーンブッシュ教授（'02年に死去）は、「二人はバブルが弾けたあとの信用不安を軽視しているが、それが経済に与える影響は甚大なはずだ」と指摘した。しかし、グリーンスパンはむしろ支持派であった。

「そのセッションの間、グリーンスパンはずっと無言でした」とガートラーは思い起こす。

「しかし終わったあと、彼が近づいてきて、静かにこう言ったんです。『お分かりでしょうが、私はお二人と同じ意見ですよ』って。我々はまさに天にも昇る心地になりました」

’96年12月、グリーンスパンは、投資家が〝根拠なき熱狂〟の犠牲になるかもしれないと警告した。にもかかわらず、彼がとった政策といえば、テクノロジー株とインターネット株でバブルが生じているという警告を無視した、放任政策でしかなかった。

さらに経済があおられてしまった

バーナンキとガートラーの論文が、グリーンスパンの姿勢を理論的に補強したことで、その論文は評判となり、二人はかつて経験したことがない注目を浴びた。ガートラーは言う。

「注目の的になって、ベンはちょっとめんくらっていましたが、エコノミスト誌は我々を口汚く罵《ののし》りましたよ」

’02年、ブッシュ政権がFedの7つの理事職のうち、空いた2席の人選を始めた時、コロンビア・ビジネススクールの現学長で、当時ホワイトハウスの経済諮問委員会議長でもあったグレン・ハバードがバーナンキを推薦した。ハバードはこう振り返る。

「我々は金融市場のことが分かる強力なエコノミストを必要としており、ベンはその分野が専門でした。性格も凄くいいし、誰に対しても物腰が柔らかい。そういったことも有利な条件だと考えたんです」

Ｆｅｄは独立した機関だが、議会の監督下にあり、歴代の大統領は自分の世界観に同調する者を好む傾向があった。ハバードは、ベンの政治的な立場をほとんど知らなかった。

「経済学的には保守派と分かるが、共和党支持かどうかまでは……」

ハバードはそう言った。コーネル大学のリベラル系エコノミストで、バーナンキとともに『経済学原理』を著したロバート・フランクは、「バーナンキはリベラルだ」と信じ込んでいたという。そのため、ホワイトハウスがバーナンキをＦｅｄの議長に指名すると発表した時、フランクは衝撃を受けた。

「それで私はベンに、『なぜ、ブッシュは民主党支持者を指名するのだろう』と聞いたんです。すると彼は、『いや、僕は民主党支持じゃない』と答えました」

共著を出した時、フランクは、バーナンキが反対意見に寛大であることや、欲がないことに感心させられた。

「多くの場合、その場で一番賢明なのは彼なのに、彼はあえてそれを披瀝しようとはしなかったんです」

バーナンキがＦｅｄに着任した時、Ｆｅｄは苦闘していた。２０００年から翌年にかけてナスダックが暴落し、'01年９月11日の同時多発テロによって経済的な窮地に陥っていたからだ。'01年９月と'03年６月の間に、グリーンスパンらはフェデラルファンド金利（連邦準備制度の管理下にある基軸金利。ＦＦレートとも呼ばれる）を３・５％から１％まで引き下げた。それは'60年代初頭以降では、最低の水準であった。

景気が下降している局面での金利引き下げは標準的な政策であり、借入金のコスト低下は、家計と企業の消費を促進する。しかしグリーンスパンの利下げは、その規模と期間の長さにおいて異例であった。Ｆｅｄは'04年夏まで方針を変えず、その後も０・２５％ずつ、ゆっくりと引き上げていった。

低金利の借り入れがたやすくできたことで、住宅ブームに火がついた。高利のもとでは手が出なかった家を一般世帯が買い、転がすために投機家が不動産を買い、信用度の低い人や収入がささやかな人々は、サブプライムローンや、アルトＡローン（サブプライムとプライムの中間の住宅ローン。信用度は高いが所得証明のできない人や、融資比率の高い借り手向けと言われる）の世話になった。ウォール街ではサブプライム抵当債券市場が巨大化していった。

自分たちの住宅ローンが抵当証券として投資家に売られることを見越して、銀行や住宅ローン業者は貸し付け基準をゆるめた。グレン・ハバードはこう語る。

「Ｆｅｄの金融緩和策が、住宅市場でもそれ以外の取引でも、大きな追い風となったのです。しかし、その結果に我々は今、苦しめられています」

彼は'03年に政権を去る前、ホワイトハウスの会議で、「Ｆｅｄは利上げを開始すべきだ」と主張した。

「特に目立ったのは、'03年の減税以降も、Ｆｅｄがその動きに同調したことです。結果的に経済はさらにあおられてしまった。それが重大な誤りでした」

異論を唱えるのは難しかった

ＦＦレートを決定する連邦公開市場委員会は、グリーンスパンが牛耳っていた。バーナンキはエコノミストや国民相手に、Ｆｅｄの行動を弁護することに終始した。Ｆｅｄに着任して数ヵ月後の'02年10月、バーナンキは全米企業エコノミスト協会でのスピーチでこう語っている。

「まず、Ｆｅｄは、資産価格だけを見て、それがバブルだと確実に判断することはできません。たとえ見わけることができたとしても、通貨政策はバブルに対して、それほど効果を発揮しないでしょう」

言い換えれば、強気の経済政策がもたらす資産価格の高騰と、単なる投機の結果を区別することは難しく、バブルに小穴をあけるために利上げをすれば、リセッションになりかねないということである。

グリーンスパンは、これと本質的には変わらない議論をドットコム時代にもしており、不動産ブームでもそれを繰り返した。グリーンスパンは'04年になっても、「全国的な住宅バブルは存在し得ない」と言っていたのである。

住宅価格が高騰したことで、多くのアメリカ人はホームエクイティローン（持ち家の借入金を差し引いた残りの価値を担保にする借り入れ）を消費に向けた。個人貯蓄はゼロ以下となり、それを諸外国からの巨額の借金で穴埋めし、貿易赤字はどんどん拡大した。何人かの専門家は、経済が持続不可能なコースをたどっていると警告したが、バーナンキはそれを否定した。

論議の的となった'05年3月のスピーチで、バーナンキは、「世界経済が不均衡なのは、米国内の過剰消費のせいというより、中国や発展途上国の過剰な貯蓄が原因であり、アメリカは〝グローバルな過剰貯蓄〟を撃退しているんです」と主張した。

モルガン・スタンレー・アジアの会長で、Ｆｅｄは政策を調整すべきだと主張してきたエコノミストの一人、スティーヴン・ローチは言う。

「資産バブルに対するＦｅｄの不介入方針を、バーナンキが理論的に裏付けたのです。また、バーナンキは〝グローバルな過剰貯蓄理論〟を発展させた中心人物で、Ｆｅｄはこの理論をもとに、『需要維持という面で我々は世界に大いに貢献している』と大変便利な言い訳をしました。今、振り返ってみると、グローバルな過剰貯蓄など存在せず、あったのはアメリカ人の過剰消費だけです。その両面において、バーナンキはＦｅｄがしでかした、とてつもない大間違いの共犯者なのです」

スイスのバーゼルにある公立機関で、〝中央銀行の中の中央銀行〟と言われる国際決済銀行の元経済アドバイザー、ウィリアム・ホワイトも、グリーンスパンからバーナンキへ引き継がれた路線とは意見を異にする専門家の一人だ。

'03年に、ホワイトと同僚のクラウディオ・ボリオは、ジャクソンホールで開かれたカンザスシティー連銀の年次会議に出席し、「政策の当事者は利子率を決める時、資産価格と信用膨張の両面に気を配るべきで、バブルが膨張しているようなら、利子率を上げて、

〝風〟に逆らわなければならない」と主張した。グリーンスパンとバーナンキも混じる聴衆の反応は、実に冷たかった。最近、ホワイトは私にこう語った。

「ベン・バーナンキは、途中で風に逆らうことは不可能で、たとえ事態が混乱しても、事後に収束できると信じていたんです。どちらの意見も、いまだにきちんと論証されてはいませんが……」

'04年から'07年の間、ホワイトと彼の同僚は、グローバルな信用ブームに対し、警告を発し続けた。しかしアメリカでは、大部分が無視された。ホワイトは言う。

「経済学の分野で、アメリカの学界の力は非常に強く、異論を唱えることは難しい。ましてや、巨匠グリーンスパンの個人的威光が加われば、誰であれ、『問題だらけだ』などと言うことはできないのです」

経済の理論化に長年携わったあと、今度は政策決定に参加できることになって、バーナンキは大いに満足しており、彼がグリーンスパンに異を唱えることは滅多になかった。投資信託会社ドーバー・インベストメント・マネジメントの最高投資責任者ダグラス・クリゴットは言う。

「折り合いが悪ければ、あの〝クラブ〟の仲間に入ることはできなかったでしょう。グリーンスパンの運営手法は〝完全管理〟ですから、独自の見解を外部にぺらぺら喋るような人は気に入られないのです」

'05年1月、バーナンキは米国経済学会の年次総会での講演で、こんな話をした。

「現在の仕事の欠点は、職場でスーツを着用しなければならないことです。なぜ、わざわざ着心地の悪い服を着なければならないのでしょう。プリンストン大学の元ホッケープレーヤーで、ノーベル経済学賞受賞者のマイケル・スペンスは〝シグナリング〟に関する理論を築いたことで有名ですが、その言葉を借りて説明すれば、スーツは職務上の責任を真面目に考えている証左だ、ということになるのでしょう。そこで私は、Ｆｅｄの理事はその公僕たる立場のシグナルを、アロハシャツとバミューダパンツで発してみてはどうかと提案したことがあります。しかし、その案は、まだ真面目に検討されてはいないようですね」

その1ヵ月後、グレッグ・マンキュー大統領経済諮問委員会委員長が、ハーバード大学に戻る予定であることを発表し、バーナンキを後任に推した。大統領に経済政策を助言する国家経済会議の委員長で、インディアナ州の実業家アル・ハバードは、この人選が妥当だとは思えなかった。

「バーナンキと会ってみると、そのおとなしさに驚かされます。経済学上の議論なら、ためらわない人物なのかどうかを確かめたほうがいいと私は思いました」

しかし、バーナンキと話し合ったのち、アル・ハバードは考えを改めた。

「実際は自信たっぷりで、誰に対しても物怖じしない男です。示唆に富んだ経済的な意見を、いつでも期待できると思いましたね」

'05年6月、バーナンキはアイゼンハワー行政府ビルで、大統領経済諮問委員会の委員長に宣誓就任した。最初の仕事は、正副大統領に経済の月例報告を行うことだった。

大統領執務室でハバードと一緒に着席した時、ブッシュ大統領は、ダークスーツを着ているバーナンキが淡褐色の靴下を穿いていることに気がついた。

「ベン、そいつをどこで手に入れたんだ？　スーツの色とまったく合っていないぞ」

バーナンキはひるまなかった。

「GAPで買ったんですよ。3足で7ドルでした」

報告は45分間続いたが、その間、ブッシュ大統領はバーナンキの淡褐色の靴下にたびたび言及した。

その翌月、ハバードの副官であるキース・ヘネシーは、大統領への月例報告に際して、経済チームの全員が淡褐色の靴下を着用してはどうかと提案した。ハバードが賛成して、副大統領のチェイニーに電話をし、彼にも同色の靴下を穿いてくるように勧めた。

「そのあとすぐ、大統領執務室に淡褐色の靴下がそろったというわけです」

大統領は経済チーム全員の靴下の色を見て、クールに「なかなか面白いね」と言った。そして、チェイニー副大統領に向き直り、「彼らの靴下はどうかね」とたずねた。すかさずチェイニーが自分の淡褐色の靴下を見せると、大統領はたまらず吹き出した。

サブプライム住宅ローンに声援を送っていた

経済諮問委員会の委員長として、バーナンキは経済問題のスポークスマン役を期待された。'05年8月、テキサス州クロフォードにあるブッシュ大統領の牧場で月例報告を終えたあと、バーナンキはホワイトハウス詰めの記者団と会見した。記者の一人が「住宅バブルは話題にのぼりましたか？　この点に対する、あなた自身のお考えは？」と質問した。バーナンキは話題となったことを認めて、こう答えた。

「住宅価格の大部分は、非常に強いファンダメンタルズに支えられていることを指摘したい。途絶えることのない仕事と雇用、高所得、きわめて低い住宅ローンの利率と人口増、さらに、あちこちでの土地不足、住宅不足。これらが住宅価格上昇の原因なのです」

その頃には、社会保障を部分的に民営化しようとする大統領の計画は、議会の反対で頓挫しており、税制を単純化しようとするほかの計画も、同様な運命をたどるように見えた。ホワイトハウスの経済チームは、市場に好感を持たれるような政策提案を物色していて、バーナンキも進んでそれに加わった。

クロフォードからワシントンへの帰途、バーナンキとキース・ヘネシーは健康保険制度について議論した。雇用者に対して補助をするこれまでのやり方から、各家庭が医療サービスを受ける際、一定のクレジット（支払い猶予）や税控除が与えられる方式へと転換したらどうかという話し合いがなされたのだ。ワシントンでもそのアイデアは温められていたが、経済の保守派には受けがいい半面、専門家の中には、「雇用者が用意する健康保険の数を激減させる」と主張する者もいた。ハバードは言う。

「我々の提案は、大統領選候補ジョン・マケインの考えと同じでした。医療を民間にゆだねるとしたら、それこそが正しい道筋で、そもそもはバーナンキとヘネシーが考え出したアイデアだったのです」

ブッシュ政権で働き始めた時から、バーナンキは'06年1月に退任する予定だったグリーンスパンの最有力の後継者と目されていた。'05年のレイバーデイのすぐあと、アル・ハバードと、ホワイトハウスの人事担当補佐官リザ・ライトは、ブッシュ大統領の要請で8〜10人のＦｅｄ議長候補のリストを作り、その何人かをインタビューした。選考委員会の結論は、結局バーナンキに落ち着いた。

「Ｆｅｄの仕事で重要なのは、連邦公開市場委員会などにおいて、皆を自分の意見に同調させていくことです。バーナンキの性格はそれにぴったりでした。それにベンは大変な理論家で、我々は彼の世界の見方や考え方に感心させられた。彼は自由市場経済を信奉していましたね」

複数の新聞が報じたところでは、ホワイトハウスの法律顧問ハリエット・マイヤーズ女史を最高裁判事に登用する計画が頓挫したことも、バーナンキに好結果をもたらすことになったという。Ｆｅｄ議長には、党派色が薄い人物を置くべきだという圧力が強まったからだ。しかし、「そんなことは話の端にも上らなかった」とハバードは主張する。

「ハリエット・マイヤーズの一件は関係なかった。政治的な配慮など、ありませんでしたよ」

'05年10月24日、ブッシュ大統領は、バーナンキを第14代Ｆｅｄ議長に指名し、「彼は世界の金融業界で心から尊敬されている」と称えた。バーナンキは大統領に謝意を述べたのち、上院で承認されたならば、「自分にとって最も重要なことは、グリーンスパン時代に確立された政策と戦略の継続です」と語った。

1年以上もバーナンキはその言葉を守った。'06年前半、連邦公開市場委員会はFFレートを0・25％ずつ3回にわたって上げて、7月には5・25％とし、年度中はそのまま据え置いた。

しかし、チープマネー（低利資金）は、グリーンスパンの遺産の一部でしかなかった。彼は金融規制緩和の擁護者であり、「店頭取引の金融派生商品など、成長中の金融商品を政府はもっと監督せよ」という要求に抵抗しただけでなく、サブプライム住宅ローンに声援を送ってさえいた。グリーンスパンは'05年のスピーチでこう語っている。

「貸し手は今や、かつては簡単に断られていた末端の申込者のリスクを、それぞれ効果的に判断して、正しく値付けをすることができます」

バーナンキはFed議長に推薦される前までは、規制について語ることはほとんどなく、議長となるやいなや、グリーンスパンの自由放任政策を信奉した。'06年5月には、ヘッジファンドの直接的規制の要求に、「そんなことをすれば、イノベーションの息を止める」と反対。翌月、銀行の監督についてスピーチした中で彼は、政府の役人によってではなく、銀行がリスクをどこまで取るかを自ら決めることに賛意を表明した。

「これまでもそうやってきたからこそ、大きく複雑な銀行組織は、リスクを見つけて管理する彼らのシステムを改善することができたのです」

バーナンキはそう言う。

しかし、今となれば、失敗は明らかである。住宅ローンを無資格の貸し手にまで拡大し、サブプライム証券の契約を積み重ねることで、銀行や他の金融機関は巨大なリスクを取ることになったが、そのことにあまり自覚がなかった。彼らの数学モデルは、潜在的な危険を察知できなかったのだ。歴代のＦｅｄ議長を含む管理・規制者も失敗した。

「大部分の責任はグリーンスパンにあるけれども、放任政策というイデオロギーにバーナンキも一枚噛んでいました」と、モルガン・スタンレー・アジアのスティーヴン・ローチは言う。

「振り返れば、Ｆｅｄが規制に無頓着だったとか、興味を示さなかったのは良心に反することですよ」

バーナンキは住宅ローン証券の増加よりも、インフレーションと失業という、Ｆｅｄ

の伝統的な重点分野に関心を寄せていた。

「アメリカ経済は、過去数年に経験した急速な拡大から、より持続可能な平均的成長に推移しているようだ」

'07年2月の上院銀行委員会で、バーナンキはそう語っている。

その頃までには、住宅価格は国内の大部分で下落し始めていた。ニューヨーク大学のノリエル・ルービニと、コロンビア大学のジョセフ・スティグリッツという、少なくとも二人の傑出する経済学者が、「全国的な住宅価格の下落は、リセッションの引き金になりそうだ」と警告を発していたが、バーナンキと彼の同僚は「あり得ない」としていた。

Fedの政策マンの一人はこう言った。

「たとえば、石油価格が下落した'80年代のテキサスのことを考えてみればいいのです。局地的な問題にしかならなかったではないですか。住宅価格の全国的な下落など、'30年代以降起こったことがないんですよ」

'07年2月28日、バーナンキは下院予算委員会で、「住宅価格の下落は、金融不安の誘因にも、経済状態を評価する際の大きな要因にもならない」と語った。その後数ヵ月間、バーナンキの楽観的な調子は続いたが、サブプライムローンの大きな貸し手であるニュー・

センチュリー・フィナンシャルと、アメリカン・ホーム・モーゲージが破産申請し、損害は住宅ローン証券に投資したウォール街の企業に及んだ。

危機が一気に増幅

アメリカン・ホーム・モーゲージが活動の停止を発表した後の8月3日、ダウは約300ポイントも下落、CNBCのコメンテーター、ジム・クレイマーは——今もYouTubeでそのシーンを観ることができるが——4分間にわたって「Fedは眠っている！」と怒鳴りまくった。

「バーナンキは空理空論家で、世の中が一体どれほど酷いことになっているのか、まるで分かっていない。我々の仲間はこの世界で25年間もやってきた。それが職を失い、会社は潰れていく。バーナンキはバカだ！　彼のまわりの連中もバカだ！　何ひとつ、知っちゃいない！」

その4日後に連邦公開市場委員会が開かれたが、FFレートは変わらなかった。公式発表で、委員会は「住宅市場の一時的な反落」を認めたものの、「主たる政策的関心は、インフレが予期したほど鎮静していかない場合のリスクにある」とした。その頃を振り返ってバーナンキが言う。

「私たちは当初、サブプライム危機は鎮《しず》まるだろうと予想しましたが、間違っていました。その時々の住宅問題と広範な金融システムの関係は、非常に複雑で予測が難しいのです」

14兆ドルにのぼる住宅ローン債務にくらべ、サブプライム市場の規模は2兆ドルで、取るに足らないものに思われた。さらにＦｅｄ内部の見積もりでは、サブプライム住宅ローンから発生する全損失は、株式市場1日分の上下幅とほぼ同じで、金融大火災の火元にはなりそうになかったのだ。

住宅ローンを証券化することによる利点は、住宅購入者の支払い不履行リスクを、銀行から投資家に転移できるところにある。しかし、住宅ローン証券市場が悪化するにつれて、多くの銀行はこれら資産在庫を積み上げていき、彼らが「暗渠《あんきょ》」と呼ぶところの〝帳簿外の場〟に隠した。Ｆｅｄ副議長のドン・コーンはこう言う。

「我々は、銀行が暗渠をこしらえていることは知っていました。しかし、原証券であるサブプライムローンへの信頼が失われた時、銀行の貸借対照表に、その暗渠の数字がどのような規模で戻ってくるかは認識できていなかったのです」

'07年8月9日、フランスの大銀行であるＢＮＰパリバが、サブプライム証券を含む3

つのファンドからの引き出しを一時停止にしたことから、危機は一気に増幅した。アメリカの証券市場の一部で、流動性が完全に失われた。住宅ローン証券市場の取引が止まり、多くの金融機関がキャッシュ不足になり、いかなる価格でも売れない資産を背負うことになったのである。

大西洋の両岸で株価が急落した翌日、バーナンキは連邦公開市場委員会のメンバーと電話会議を行い、市中銀行への貸出金利（公定歩合）の引き下げについて議論した。Ｆｅｄには創設以来、市中銀行が必要なだけ借り出せる〝ディスカウント窓口〟が存在していた。しかしながら近年、多くの銀行にとってその窓口は必要のないものだった。より安く、投資家や他行から資金調達ができたからだ。

Ｆｅｄは公定歩合を６・２５％としていた（ちなみに、公定歩合はＦｅｄが市中銀行に貸し出す際の短期金利。対して、ＦＦレートは、市中銀行同士がＦｅｄに預けている準備預金を貸し借りする時に使われる金利である）。また、ディスカウント窓口は、資金が必要な銀行に常にオープンであることも付け加えられた。さらにその７日後、市場がより激しく揺れたあと、Ｆｅｄは公定歩合を０・５％下げて５・７５％とし、「金融市場の混乱を緩和するため、必要なことはすべてやる用意がある」と宣言した。

バーナンキ・ドクトリンが実行された

バーナンキはここに来て、サブプライム危機がアメリカ最大の金融機関のいくつかに深刻な脅威をもたらしていて、グリーンスパン時代の政策ではその抑止に不十分だとはっきり理解した。8月の第3週、バーナンキはジャクソンホールを訪問し、自由討論セッションに同僚や先輩たちを招いた。彼はそこでこう提起した。

「何が起こっていて、我々がすべきことは何か。我々にはどのような手段があり、またどのような手段を必要としているか」

参加者の中にはドン・コーン、ケヴィン・ウォーシュ、Ｆｅｄの通貨問題のヘッド、ブライアン・マディガンがおり、ニューヨーク連銀の長、ティム・ガイトナー（現財務長官）や、ニューヨーク連銀で市場課を率いるビル・ダッドリーもいた。

誰もが、金融システムはいわゆる〝流動性の危機〟に直面していると考えた。銀行は面倒が起こりそうな金融機関への貸し出しを渋り、資本を蓄え始めた。この状況が続けば、企業も消費者も貸し出しを受けられなくなり、金を使うことも、経済を浮揚させることもできなくなってしまう。

バーナンキと同僚たちは、危機に対する2段構えのアプローチを考えた。ガイトナーはのちに、それを「バーナンキ・ドクトリン」と呼んだ。

まず、経済の失速を避けるため、ＦＦレートを徐々に引き下げた。９月に０・５％下げ、10月に０・２５％下げて４・５％とした。ここまでは、経済の下落を防ぐためにレートを引き下げるというＦｅｄの標準的な政策だが、金融危機そのものにはまだ取り組んではいなかった。銀行同士が信用を供与し合わないなら、Ｆｅｄが〝最後の貸し手〟の役割を果たさなければならないが、Ｆｅｄのディスカウント窓口から借り出せば、銀行はＦｅｄに高い金利を支払うだけでなく、自行が苦境にあることを競争相手に知られてしまう。また、サブプライム証券を買い、ドルを欲している多くの銀行は、米国内の銀行ではなかった。

ドン・コーンがそのための解決案を提示した。彼の記憶では、西暦２０００年に切り替わる前、コンピュータが一斉に故障するかもしれないという恐れから、多くの金融機関が資本の退蔵に走ったが、Ｆｅｄは危機の最中でも貨幣の流通を確保するため、いくつかのアイデアを練った。そのひとつは、Ｆｅｄの貸付金をオークションにかけ、諸外国の中央銀行との間で通貨の交換を行い、外国銀行へのドルの貸し出しを可能にさせようというものだ。

２０００年問題は事故が起こることなく霧散《むさん》したし、アイデアはテストされずに終わったが、コーンはその方法を再度検討しようとした。それはバーナンキ・ドクトリンにおけるアプローチの中でも、最もラディカルな構成要素となった。

'07年8月からの15ヵ月間、Ｆｅｄは「ＴＡＦ」「ＴＳＬＦ」「ＰＤＣＦ」などイニシャルで呼ばれる各種の新計画を通じて、何十という金融機関に1兆ドル以上の貸し出しを行った。ＴＡＦという計画では、Ｆｅｄからの固定資金を、銀行や投資銀行にオークションで落札させた。ＴＳＬＦでは、投資銀行所有の住宅ローン債権を、安全な米財務省債券と交換させた。世間的に注目されることがなかったそれらの計画は、臨時のものではあったが、広い範囲で効果を発揮した。Ｆｅｄの理事であるケヴィン・ウォーシュはこう言う。

「新しいニーズに対応した、まったく新しい流動性創出の手段でした。金融機関の大小や、健全か被災中かの違いはあれ、我々の貸借対照表と、それら金融機関の貸借対照表を一時期入れ替えたわけです。こういう信用特約がなければ、事態はもっと悪くなっていたでしょう」

ダラス連銀のリチャード・フィッシャー総裁は、「これらの貸し出し計画は、バーナンキの主たる遺産だと思いますね」と語り、〝壊れた散水機〟を例に出してこう説明した。「パイプが壊れていたら、散水機の先に水は流れてこなくなり、芝生は茶色になって枯れてしまいます。つまり、散水のシステム自体が壊れてしまっているのだから、単に蛇口を替えてＦＦレートを変えるだけでは、Ｆｅｄが直面している課題には不十分だったということです」

Ｆｅｄの多くの人が、それら貸し出し計画に関わるようになったが、バーナンキはその流れに弾みを与えた。彼が着任して取り組んだ最初の仕事のひとつに、金融安定研究グループの立ち上げがある。エコノミストや金融の専門家、銀行の監督者、Ｆｅｄ各局からの弁護士などを、諸問題の解決策を練るために集めたのだ。サブプライム危機が姿を現すと、バーナンキはタスクフォースのメンバーと頻繁に会って、Ｆｅｄの対応を議論した。その中にはＦｅｄの活動の幅を広げるべく、'30年代の曖昧模糊とした法律をどう利用するかということも含まれていた。バラク・オバマ大統領によって財務長官に任命されたガイトナーが言う。

「ベンは決定の仕方が大変巧みで、権威ある学術論文に頼って行動したことなど、一度もないですね。物議をかもすような重要案件を、もの凄い短時間で決めたこともあります。それは、彼が気力と創造性を持っているからできたことなのです」

大恐慌時の失敗を詫びたが

利下げや融資計画を行ったにもかかわらず、金融市場にさしたる改善が見られぬまま、何ヵ月かが過ぎた。'07年の夏と秋には住宅価格の下落と、サブプライムローンの滞納が進んだ。10月にワシントンで開かれた中央銀行家や経営者、エコノミストたちの会合で、ディシジョン・エコノミクス社のチーフエコノミスト、アレン・サイナイはバーナンキに、「住宅バブルが引き起こした経済リスクを、中央銀行はどう管理すべきか」と質した。サイナイによれば、バーナンキは「住宅バブルが存在しているのかを知る手だてがない」と答えたという。「その時、彼は問題の規模をまったく理解していないことが分かった」とサイナイは語る。

連邦公開市場委員会の会合で、メンバーの数人がサブプライムの暴落を、'98年の金融危機と比較してみた。当時、Ｆｅｄはウォール街の〝企業合同借款団〟を組織して、巨大ヘッジファンドのＬＴＣＭ（ロング・ターム・キャピタル・マネジメント）が崩壊するのを食い止めようとした。しっかり回復するまでの数ヵ月間、市場は変動したが、より広範な経済は、おおむね影響の外にあった。

「'07年の9月段階では、まだ悪くはなかった」とコロンビア大の教授で、バーナンキの友人であるフレデリック・ミシュキンは言う。彼は、'06年9月から'08年8月まで、Ｆｅｄの理事でもあった。

「'98年より悪化するとしても、それほどではなく、数ヵ月もすれば落ち着くと考えていました」

しかし、バーナンキは'07年末には、Ｆｅｄを批判する人々の「利率は早急に引き下げられるべきだ」という考えに同調していた。

'08年1月4日、労働省は失業率が4・7%から5%に上昇したと発表、多くのエコノミストは、アメリカが景気後退局面に入ったと口々に言い始めた。シティグループやＵＢＳ、モルガン・スタンレーなど多くの銀行や投資銀行が多大な損失を計上し始め、その歴史的な意味合いがバーナンキの関心事になった。

'83年に発表した論文の中で、バーナンキは、'30年代初頭にＦｅｄが銀行封鎖を防げなかったことが、大恐慌の一因となったことを示したが、この発見は、経済学者ミルトン・

フリードマンとアンナ・シュウォーツの共著が'63年に提起した理論を肯定するものであった。Ｆｅｄ着任直後の'02年11月、バーナンキはフリードマンの90歳を祝う会に出席し、そこで大恐慌時のＦｅｄの政策を陳謝した。

「大恐慌に関して、ミルトンとアンナにこう言いたい。あなたがたの言っていることが正しい。ああなってしまったのは、Ｆｅｄの責任です。本当に申し訳なく思います。しかし、お二人のおかげで、もう我々が同じ間違いを繰り返すことはありません」

前例のないスピードで対応した

'08年1月21日、世界の株式市場が急落した。米国市場は〝キング牧師の日〟で休みだったが、バーナンキは夕方6時に連邦公開市場委員会の電話会議を開き、ＦＦレートを０・７５％利下げして３・５％とする決定を下した。

Ｆｅｄは1月29日にはさらに０・５％下げて３％とした。１ヵ月半の間に、Ｆｅｄはインフレ抑制と経済成長促進のおおよそのバランスを取る政策から、明確な景気後退回避策へと転換したのだ。これまでのＦｅｄの荘重なペースに慣れていたＦｅｄ内部の人々にとって、その変化は乱暴に思えた。コロンビア大教授で、Ｆｅｄ元理事であるフレデリック・ミシュキンは言う。

「その範囲といい、スピードといい、前例のないものでした。我々にとって、これほど速く対応したというのは、驚くべきことだったのです」

インフレを懸念するエコノミストの中には、利下げに怒る者もいた。カーネギーメロン大学の教授で、Ｆｅｄの歴史についての著作があるアラン・メルツァーは言う。

「'70年代にやらかしたのと同じ、馬鹿げたことを繰り返しています。当時も連中は、インフレ抑制の手綱は緩めないとか、経済が成長し始めれば利上げに取り組むとか言っていましたが、そうなったためしはないんです」

バーナンキは自分の政策に対する攻撃、特に尊敬している学者からの攻撃に失望させられた。ゆっくり動けば、ウォール街は臆病風を吹かしていると笑うし、急激な利下げに踏み切れば、インフレに手ぬるいと経済学者たちが非難するのだった。

金融危機が深まり、バーナンキはポールソンと緊密に動くことになった。ポールソンは'06年6月に財務長官になって以来、ブッシュ政権の経済政策に関しては、かなりの自治権を手にしていた。見たところ二人には、共通点はなかった。バーナンキは学者風で控えめだが、ポールソンは社交家で、ダートマス大学では英文学を専攻。アメリカンフットボールでの攻撃的タックルが評判になり、「ハンマー」というあだ名を得ていた。しかし、二人とも政治的には穏健派で、また、野球好きという点で共通していた。ポールソンはシカゴ・カブスのファンで、デスクの上にはバーナンキから贈られたビル・ジェームズ著『野球史概要』が置かれている。バーナンキは初めレッド・ソックスのファンだったが、ワシントン入りしてからは、ワシントン・ナショナルズのひいきになった。

午前4時に話し合った

ポールソンとバーナンキの二人は、毎週1回のブレックファスト・ミーティングで会うだけでなく、証券取引委員会や、商品先物委員会の上級幹部をメンバーとする「金融市場に関する大統領作業部会」でもよく顔を合わせた。ポールソンは、しきりにバーナンキの助言を求めた。

「バーナンキのプラグマティズムと知的な好奇心には感心させられました」とポールソンは'08年9月に語っている。

「アイデアは平凡非凡にかかわらず、すべて検討するし、官僚が上げてきたものでも、おいそれとは認めないのです」

'08年3月初旬、サブプライム証券を大量に引き受けてきた投資銀行ベアー・スターンズの株価が急落した。ベアーが依存していたコール市場翌日物で、資金を調達できずにいるという噂が流れた最中であった。顧客は現金化に走り、債権者は担保物件の積み増しを要求した。これらの求めに応じたベアーは、自行の積立金を引き出さざるを得なくなった。

3月13日木曜の午後には、ベアーには200億ドルしか残っていなかったと言われ、その額は、翌金曜の必要を満たすには十分ではなかった。しかし、バーナンキ・ドクトリンはそのような事態のために設計されたわけではない。

バーナンキとティム・ガイトナーは、ベアーの窮境を最初に知り、「銀行といえども倒産してしかるべきだ」と考えた。何十年もの間、Fedは、ウォール街の投資企業へ融資するのは過剰なリスクを取ることになると抵抗してきた。エコノミストが言うところのモラルハザードを恐れたのだ（ディスカウント窓口は、商業銀行への適用に限定されている）。ベアーはウォール街で最大の投資企業とは言えず、その消滅がほかに連鎖することはまずあり得ない、中央銀行家たちが業界用語で言う「システミック・リスク」は、ベアーには当てはまらないように見えたのである。

ニューヨーク連銀と証券取引委員会の役人が、ベアーのオフィスを訪れて帳簿を精査した結果、木曜深夜、評価が変わった。あまり知られてないが、ベアーは、銀行が投資信託やヘッジファンド、保険会社、それに中央銀行から短期ベースでキャッシュを調達する〝現先市場《げんさきしじょう》〟の有力な参加者だったのだ。

毎夜２・５兆ドルもの金が、現先市場で回転していた。多くの買い戻し契約は、日割りベースで回っており、いつでも貸し手が抵当を返還したり、キャッシュを要求したりできた。これこそ、まさにベアーの多くの貸し手がやっていたことで、映画『素晴らしき哉《かな》、人生！』の中で、ベイリーブラザーズ・ビルディング＆ローン社の預金者が取り付け騒ぎを起こしたのと似た経過であった。

また、ベアーはＣＤＳを扱う業者の大手でもあった。ＣＤＳは基本的には債券に掛けられた保険だ。掛け金と引き替えに、ＣＤＳの売り手は、支払い停止時には債券価値の全額を補償する。ベアーがＣＤＳ取引をした相手は５０００社以上と言われる。金曜の朝、市場が開く前に支払い停止に陥ったならば、現先とスワップ両市場にもたらす結果は、大混乱以外にないだろう。

深夜２時、ガイトナーはドン・コーンを呼び、「ベアー・スターンズが破産することで生じる死の灰を封じ込める自信はない」と言った。

午前4時、ガイトナーとバーナンキは話し合い、Ｆｅｄのベアーへの介入にバーナンキは同意した。また、ベアーの手形交換組合銀行で、ベアーへ資金を通過させるＪＰモルガンへの貸し出しを48時間延長すると、中央銀行は決定した。貸し出しの取り決めにあたり、バーナンキは連邦準備法（'32年）第13条の３——異例かつ緊急の状況下で銀行以外の金融機関への信用貸しができる権限——に依拠した。

Ｆｅｄの融資ニュースは、ベアー・スターンズを金曜まで持ちこたえさせたが、バーナンキとポールソンは、日曜の夜、つまりアジア市場が開く前に、恒久的な解決を見いだそうとした。

苦難に満ちた週末が明け、ＪＰモルガンは1株2ドルの最低価格でベアーを買収することに同意する。しかしそれには、ベアーの２９０億ドルにのぼるサブプライム証券の顧客リストを、Ｆｅｄが引き受けるという条件が付いていた。

「踏み込めば踏み込むほど、『この問題にはもっと本気で取り組まなければ！』と叫んだものです」

Ｆｅｄの上級職員がそう言う。

「ベアー・スターンズ一社の問題ではなく、誰もが言うように、あまりに相互に関連しあっていて潰せないという状況でした」

たとえば現先市場の場合、ベアー・スターンズは金融市場の投資信託から、巨額の借り入れをしていた。上級職員が続ける。

「ベアーが潰れたら、月曜の朝、金融市場に返ってくるのは現金でなく、ＣＤＯ（債務担保証券）をはじめ、あらゆる種類の非流動性の担保ということになります。そしてそのあとは、神のみぞ知る。取り付けが市場全体に波及し、それが今度は、ほかの投資銀行の資金切れへと連鎖するでしょう」

ベアー・スターンズ救済を発表した日、ＦｅｄはＦＦレートをさらに０・２５％下げ、当分の間、ウォール街の20社にも貸し出すと発表した。これは前例のない措置だった。Ｆｅｄの職員は、たとえそれがモラルハザードをもたらすとしても、商業銀行と同様の条件で投資銀行にも借り出させるほかないと感じていた。

「ベアーの債務不履行を回避できたとしても、金融市場にはすでに勢いが付いていて、ベアー救済だけではダメージを食い止められなかったのです」

Ｆｅｄの職員はそう回顧する。

現在では、バーナンキたちがベアー・スターンズに関して正しい決定をしたと、大方が認めている。ベアーの破産申告をそのまま認めていたら、秋に膨れ上がった金融恐慌は、その半年前に始まっていたであろう。そうはならずに市場はしばらく落ち着いた。

「我々は金融の安定を維持するために、正しいことをしたと思います」とバーナンキは言う。

「それこそが我々の仕事なのです。確かに、モラルハザードは生じたかもしれない。しかし、金融機関が潰れて、メルトダウンが起こるような事態を、まず阻止するのが先決です。『こんなことが二度と起こらないようにシステムをどう作り直すか』と話し合うのは、経済が回復したか、あるいは回復過程に入ってからでいい。火事を消したあとで、消防規則のことを気に掛ければいいのです」


それでもやはり、ベアー・スターンズとJPモルガンの取引のあと、バーナンキはメディアや、保守的なエコノミストだけでなく、Ｆｅｄの元職員からも攻撃された。「Ｆｅｄはお人好し」と題するウォールストリート・ジャーナルの論説では、JPモルガン・チェースの会長兼ＣＥＯであるジェームズ・ダイモンは、《Ｆｅｄと財務省を手玉に取っている》と決めつけられた。'08年の4月初旬、かつてＦｅｄ議長を務めたポール・ヴォルカーは、ニューヨーク経済クラブで講演し、こう語った。

「中央銀行には似つかわしくない、不安を覚えさせるような形で、凄まじい権力が行使されています。Ｆｅｄの仕事は、国家の貨幣の守護者になることであって、何百億ドルにも及ぶ不確かな資産を、自らの貸借対照表に持ち込むことではないのです」

批判の一部は不当なものであった。ベアー・スターンズの株主は、その取引でほとんどすべてをなくし、ベアー会長のジェームズ・ケインなどは10億ドル近くを失った。それでもＦｅｄの何人かの職員は、ベアーの住宅ローン証券を取得することに不安を感じていた。

ヴォルカーの発言に大いに当惑したバーナンキは、疑念を払うため、ヴォルカーに電話で「Ｆｅｄの行動は将来への枠組みというよりは、危機に対する一時的な対応でしかない」と伝えた。いずれにしても、バーナンキ・ドクトリンには今や、大金融機関の破産救済も盛り込まれたのだ。

「金融業界の言いなりになっている」

'07年夏の住宅ローン債券市場の崩壊以降、住宅ローンの証券化は、持ち家を奨励する政府のチャーター（特許状）のもとで設立された二つの企業、ファニーメイとフレディマックに委《ゆだ》ねられていた。

ウォール街の投資会社同様、ファニーとフレディは巨大な損失に苦しんでおり、米国政府にとっては驚くべき見通しであるが、ウォール街の多くのアナリストたちは、両社が支払い不能寸前の状態にあると信じていた。ファニーとフレディには、住宅ローンとその証券の購入資金に充てた5兆2000億ドルの負債があり、両社とも法手続き上は私企業なのだが、負債にはあたかも政府保証があるかのように取引されていた。もし、そこが支払い不能となれば、政府全体の信用が急落する。

7月13日の日曜、ポールソンは記者に「議会権限で、国民からの税金をファニーとフレディに青天井で投資し、両社はそのまま私企業として据え置く」と語った。Fedの職員は、ポールソンの提案を議会が承認するまでは、「中央銀行の貸し出し窓口からの融資で、住宅ローン会社が十分な現金を保持できるようにする」と言った。Fedの政策当事者は言う。

「まさしく体制の危機でした。ポールソンはその危機に対処しなければならず、我々の側には新しい機関へとつなぐ資金がありました」

ファニーとフレディを支援する計画は、ベアー・スターンズを救済した時のようには好意的に受け止められなかった。ケンタッキー選出の共和党上院議員ジム・バニングは、上院銀行委員会に現れたバーナンキにこう語った。

「昨日新聞を広げたら、ここはフランスなのかと思いましたよ。しかし、そうではなくて、実はアメリカ合衆国における社会主義なのだと分かりました」

二人の著名な民主党系エコノミストである元財務長官のローレンス・サマーズと、ジョセフ・スティグリッツは、住宅ローン会社の高給を食《は》む経営者が、少しばかりの修正を経営に加えられただけで、そのままポストに居座っていると指摘した。米国会計検査院の元院長デヴィッド・ウォーカーは、「税金を払う国民にとって、救済は実に悪い話だ」と語った。

バーナンキは公然とは口にできなかったが、何人かの批判には同意見であった。長年Ｆｅｄは、ファニーとフレディが競争者を締め出し、リスキーな抵当貸し付けを行っていることに警告を発してきた。バーナンキは救済策と大幅な改善策を抱き合わせにすることを好んだが、しかし両社の徹底的な見直しは、政治的に困難だと悟った。ファニーとフレディは、議会に有力な支援者を多く擁していたのである。バーナンキは、市場の自信回復のためには、計画の承認を急ぐことが先だと腹を決めた。

8月21日、バーナンキはワイオミング州ジャクソンホールで開かれる恒例の年次総会に出発した。テーマは「信用危機」であった。3日間の会期中、発言者はFedのさまざまな対応と、それとなくではあったがバーナンキの指導力に異議を唱えた。カーネギーメロン大学のアラン・メルツァー教授は、「問題企業に対する緊急救済が場当たり的だ」と非難した。ペンシルベニア大学ウォートン校のフランクリン・アレン教授は、「Fedの貸し出し機能が、銀行や投資会社の財務状態を隠蔽する手段として利用できる」と発言、ロンドン・スクール・オブ・エコノミクスのウィレム・ブイター教授は、「Fedはウォール街の恐怖、信念、世界観を内面化してしまっている。つまり、金融業界を規制する当局でありながら、その頭の中は逆に規制すべき産業の虜になり、結果的に金融業界の言いなりになっている」とFedを非難した。

一方、バーナンキのプリンストン時代からの友人で同僚であるアラン・ブラインダーは、「やっかいな状況の中で、Fedはよくやっている」とバーナンキを擁護した。ハーバード大学のエコノミスト、マーティン・フェルドスタインは、「Fedは、'08年度内はうまく対応していますね」と語り、しかし、「住宅価格の下落と住宅所有者の債務不履行が続いて、金融危機はますます悪化している」と付け加えた。

恐らく、最も参考になる意見は、'90年代の破滅的な金融大不況から脱出した日本の、山口泰元日銀副総裁から出されたものだっただろう。「日銀は公定歩合の引き下げを'91年7月から始めた」と山口は振り返る。しかし、日本政府がおよそ10年かけて多くの銀行を救済するまで、金融システムが安定することはなかった。日本の経験からの教訓は、「公的資金を使って、早期かつ大規模な金融システムへの資本注入が必要なことだ」と山口は言う。バーナンキは議論に無言で耳を傾けていた。憔悴《しょうすい》しているようで、ある発言の間には居眠りしているようにも見えた。

発言が彼の番となった時、バーナンキはＦｅｄの行動を擁護し、現先市場のように不透明なマーケットや巨大金融機関を監督するために、政府機関の権限はより強化されるべきであり、また、金融機関がいったんトラブルに見舞われた時、政府の介入を許可する法的な枠組みが必要だと主張した。それはバーナンキが規制を肯定する方向に傾きつつあることを示唆したが、投機的バブルを抑えるための通貨政策や、銀行システムへの資本注入に関しては、一切言及しなかった。

バーナンキはいまだにその「指一本（で堤防決壊に抗する）戦略」が利いていると考えていた。なぜなら、'08年の第２四半期、ＧＤＰは年率換算約３％で成長しており、失業率は6％以下だったからだ。石油価格を含む商品価格は下落し始めており、これはインフレ圧力を弱めると思われた。

企業のCEOを集めて話し合ったが

ワシントンでは、レイバーデイの週末に、バーナンキとポールソンが、ファニーとフレディについて議論するために顔を合わせた。2社へ投資する広範な権限を、議会がブッシュ政権に与えてからの5週間、2社は資金を自己調達しようとしたが、うまくいかなかった。

ポールソンとバーナンキは、政府による買収こそ、今や最善の方法だという結論に達した。ファニーとフレディが債務不履行に陥る恐れを消し去るだけでなく、政府による買収という方法なら、政府の貸し出し範囲を拡大して、住宅価格を安定させることもできるかもしれない。

「二人で一緒に9ヵ月やってきて、不動産市場が経済問題の根幹であることは分かっていました。そこに手をつけるとして、さてどうやるかと話し合ったのです」

9月になってポールソンはそう語った。

9月7日の日曜、ポールソンは、ファニーとフレディの資産は政府の管理下に置かれること、経営トップは更迭されて両社の80％の株と引き替えに2000億ドルの枠内で資本金を与えることを発表した。翌日、ダウは300ポイント上げて、市場を閉じた。ポールソンから事前に説明を受けていたビリオネアのウォーレン・バフェットは、これこそ「アメリカにとってまさに正しい決断」と語った。それまではポールソンとバーナンキを批判してきたウォールストリート・ジャーナルまでが、社説でその計画をしぶしぶ承認した。

が、財務省とFedには、祝う暇もなかった。9月9日火曜、《韓国の銀行から数十億ドルの資金調達に失敗》という報道で、リーマン・ブラザーズの株価が45％下落したのだ。リーマンはバンク・オブ・アメリカと、英国のバークレーズを含む数社に買収を持ちかけたが、その週末には現金が枯渇した。

金曜の夜、ガイトナーとポールソンは、ウォール街の有力者グループを招集し、リーマン問題を業界として自主解決するよう要請した。会議は週末まで続いたが、日曜午後、バンク・オブ・アメリカとバークレーズ両行代表が退席し、リーマンが破産申請を準備しているという噂が広まった。

驚くべきは、脱落者が出るや否や、バーナンキとポールソンが政府救済という方法に真面目に取り組まなくなったことだ。バーナンキと他の職員たちは、Ｆｅｄに銀行を救済する法的権限は付与されていないと言う。

「取り組もうにも、そのメカニズムもなければ選択肢もない。規則も資金も、何もないのです」とバーナンキはニューヨーク経済クラブで語った。

「たとえば、ベアー・スターンズの時のように、Ｆｅｄの貸し出し権限を発揮するには、十分な担保物件を差し入れてもらう必要があったのですが、今回は不可能でした。貸与を支えるに十分な担保がなかったのです。あのすっかり有名になった週末、我々はリーマンの買収が可能な数社だけでなく、ニューヨークの民間企業の有力なＣＥＯを招集し、解決の糸口を探りました。しかし、いいアイデアはひとつも出てこなかったんです」

バーナンキは筆者にも、リーマン倒産を食い止める方法はなかったと語った。

「ベアー・スターンズの場合は、ある時点で誰かが、『議長、この取り決めでいいですか、それとも……』と言い出したものです。しかしリーマンの時は、それどころじゃなかった。決めるべき事柄が見当たらなかったんですよ」

しかしながら、バーナンキとポールソンは、ベアー・スターンズやファニーメイ、フレディマックを救済したあとで浴びた非難、つまり、強欲で無責任な金融業者に救済措置をとったという非難には敏感に反応した。数ヵ月の間、財務省とＦｅｄは、リーマンの首脳に資本の増強をしきりに促したが、リーマンはそうすることができなかった。多くのアナリストは、Ｆｅｄがリーマンを救えなかったことに疑いの目を向ける。

「本当に打つ手がなかったとは、私には思えませんね」と、経済政策研究センターのディーン・ベーカーが言う。

「彼らは法律の権威として、これまでもいかがわしいことを年中やってきたのですから。リーマンを救ったからといって、一体どこの誰が、彼らを訴えるというのでしょう」

リーマン・ブラザーズが消滅した当時、よく引き合いに出された説明は、「バーナンキとポールソンの二人が、ついに砂の上に一線を引いた」というものだ。その議論に関与したある人物はウォールストリート・ジャーナルに、「我々はモラルハザードの問題を再構築したのだ」と語ったが、48時間も経たないうちにＦｅｄは、８５０億ドルにのぼる融資をＡＩＧに認めた。ＡＩＧはリーマン以上に無責任な行動を取ってきた企業である。ひとつ違ったのは、支援と引き替えに、10％の利子と80％の株式所有権という厳しい条件を付けたことだ。Ｆｅｄの上級職員が言う。

「今回は安全に保護された貸し付けであり、我々の財務資源を危険にさらしてはいなかったと思います」

さらに重要なことは、ＡＩＧがリーマン・ブラザーズよりも大きく、もっと複雑な企業であったことだ。生命保険や住宅保険のみならず、ＡＩＧは住宅ローン証券など各種証券の保険業社でもあった。支払い停止になれば、国内だけでなく、海外の金融会社の不利益にもつながる。しかし、ＡＩＧ救済の発表だけでは不十分であった。

９月16日の火曜。リーマンが発行した７億ドル以上の短期債券を購入していたＭＭＭＦ（マネー・マーケット・ミューチュアル・ファンド）が、一口当たりの純資産価値が１ドルを割り込んだことを理由に、請け戻しを見合わせると発表した。サブプライムのウイルスは、免疫力がありそうに見えた金融システムの、リスクを最も遠ざけてきた組織にまで感染したのである。また、リザーブ・プライマリー・ファンドが「基準の１ドルを割った」というニュースは投資家のパニックを引き起こし、それは10月中旬までには、遠くアイスランド、ハンガリー、ブラジルにまで達してグローバル化した。

バーナンキはポールソンに同行して議会を訪れ、緊急支援法を通過させなかった場合、破滅的な結果が起こるだろうと警告を発した。ニューヨーク州選出の民主党上院議員チャック・シュマーは、「バーナンキの話に皆、息をのみました」と言う。バーナンキは、ゴールドマン・サックスやモルガン・スタンレーが銀行持ち株会社へ転換するのを助けた。また、他の議員と協力してワシントン・ミューチュアルを差し押さえ、その大部分の事業をJPモルガンに売却した。シティがワコビアを吸収した時など、バーナンキは朝4時までオフィスに詰めていた。Fedはさらに、短期金融資産投資信託を支えるために5000億ドルを拠出すると発表した。

危機はまだ終わっていない

しばしばバーナンキとポールソンが、即興で行動していたことが見て取れた。11月10日、Fedと財務省は1500億ドルにのぼる公的資金を使って、AIGを救済すると発表した。Fedの当初の850億ドルのローンと、追加の378億ドルでは不足だと分かったからだ。

2日後、ポールソンは、バーナンキと彼がかつて強力に擁護した、焦げ付き住宅ローン証券の買い上げ案を捨てた。下院金融サービス委員会で、ニューヨーク州選出の民主党議員ゲイリー・アッカーマンはこう言ってポールソンを非難した。

「君は7000億ドルの飛行機を、自分の勘だけを頼りに操縦しているようだな」

恐らく最も辛辣な批判は、委員長で、マサチューセッツ州選出の民主党議員バーニー・フランクからのものである。「緊急救済法は、住宅の差し押さえに取り組むための特別条項を含んでいるにもかかわらず、アメリカ人は今もなお記録的な高率で、住宅ローンの支払い不能に陥っているではないか」と注意したのだった。

その指摘は的確であった。ポールソンとバーナンキは金融システムを支える努力をしたにもかかわらず、諸悪の根源である住宅市場の暴落を止める手立ては何ら打てなかったからである。しかし、この問題に取り組まない限り、金融部門は巨大な緊張から解放されはしないのだ。

株式市場は先週（2008年11月）、年初来の最安値に落ち込み、自動車会社の首脳は緊急救済を求めて社有ジェット機でワシントン入りした。ウォール街のアナリストは、「政権交代の政治的空白期に、いっそうの混乱を招きかねない」と警告した。

しかし、バーナンキはことのほかおとなしかった。ジム・クレイマーによると、「空気が読めていない」ということだが、財務省と議会が、政府を先導していることに彼は安心していたようだ。また、失業や小売り、企業収益に関する暗いニュースが続いているにもかかわらず、経済は'09年度中にも持ち直し始めるだろうと楽観していた。金融恐慌が落ち着く方向に向かっている兆しもあったのだ。銀行相互間で貸借がまた始まってその利率は下がり、緊急救済法が議会を通過したあと、大きな金融機関の倒産はなかった。

「大事なステップだった」と、バーナンキは語った。

「グローバルな金融メルトダウンの脅威が、これで激減しました。しかし、ポールソンも公言したように、災害を避けたことで拍手喝采されることはありません」

ウォール街でのバーナンキへの論評は、特にＦｅｄから支援を受けた企業で好転した。

「斬新な解決策を生み出し、また、ニューヨーク連銀や財務省、証券取引委員会との調整をうまく進めたという二つの面で、素晴らしい仕事をやってのけたと思います」

モルガン・スタンレーのジョン・マックはそう語った。投資家兼フィランソロピストのジョージ・ソロスは、「私の会社がＦｅｄからの気前の良い贈り物で潤ったわけではないですが」と前置きして、こう語る。

「最初は学者っぽくて、バーナンキには問題の重大さが認識できていなかった。しかし今年（'08年）になって、様子が分かってからは、行動がきわめて明確になってきましたね」

しかしソロスは、市場の新しい混乱と、11月21日に株価が4ドルを割ったシティグループの命運に関する憶測に触れて、「危機はまだ終わってはいない」と言う。「リーマンの場合は、効果的にシステムが崩れました。しかし今、Ｆｅｄの命綱に頼っていて、うまく続くかどうか危ういところです。我々が話していることの瞬間も、釜の圧力は高まっています。さらなる崩壊がやってくる瀬戸際に、我々はいるのです」

バーナンキは、ひらめきと救いを求めて、二人の大統領について考え続けてきた。フランクリン・デラノ・ルーズベルトと、エイブラハム・リンカーンだ。

ルーズベルトからは、「危機に際して、政策担当者が必要とするのは、柔軟性と決意である」という考えを学んだ。'33年に着任後、ルーズベルトは瀕死の経済に活を入れるために勇敢な手段を取った。銀行休日、預金保険、公共事業の拡大、ドルの切り下げ、価格統制など、そのいくつかの手段は効果を現し、ほかのいくつかは復興を遅らせたかもしれない。しかし、それらは断固たる行動だったため、アメリカ国民に希望を与えたのである。

リンカーンに関する、バーナンキの知識はもっと浅い。しかしある朝、バーナンキはＦｅｄの地下共同駐車場の交通整理をしている男から、１枚のコピーを渡された。１８６２年、南北戦争における軍事作戦の失敗を議会に非難された際、リンカーンが書いた声明文のコピーだった。
《私は知る限り、でき得る限りの最善を尽くし、それを最後の最後までやり続けるつもりだ。結果が良ければ、私への非難は何の意味も持たない。また、結果が悪ければ、たとえそれまで10人の天使が私に味方してくれていたとしても、その結果は変わらない》
バーナンキはその声明文をオフィスの机の上に置いて、必要な時に眺めることができるようにしてある。

●その後のベン・バーナンキ

Ｆｅｄ議長は、今なお信用危機解決のために長時間働いている。最近彼は、テレビ番組『60ミニッツ』で、以下のように語った。

「金融システムが危機的な状況にある限り、持続的な経済回復はないというのが歴史の教訓です。現在、金融市場では、なにがしかの前進が見られます。これは確実です。しかし、金融市場を安定させ、正常に動かすまでには回復していません。我々は今、ある計画に取り組んでいます。恐らく、'09年の年末にかけては不況のままでしょう」

バーナンキのＦｅｄ議長の任期（1期目）は'10年1月に終わるが、オバマ政権は'09年8月、彼を2期目も任命すると表明した。

週刊誌「ニューヨーカー」のジャーナリズム

松村保孝

「ニューヨーカー」といえば、日本ではアメリカの文芸界をリードする週刊誌として、つとに有名だ。ナボコフやアップダイクから村上春樹まで、毎号掲載される旬の作家の短編と並んで、微苦笑を誘う知的なひとこまマンガや詩作品もちりばめられ、週末、上質なストーリーに身を委ねたいアメリカの都会派リベラルにとって、この雑誌は、長く〝心のよりどころ〟となってきた。

だが、「事実は小説より面白い」と信じる私のような読者には、「ニューヨーカー」のもう一本の柱である、ホットな題材を追うノンフィクション記事が見逃せない。

ジョン・カシディーが書いた本書中の3本の人物記事も、金融危機勃発直後の2007年10月15日号から2008年12月1日号までの「ニューヨーカー」に、危機の深化に伴走するようにして発表されたものだ。

ヘッジファンドの巨匠、ビクター・ニーダーホッファ（『投資アーティストの失墜』'07

年10月15日号）の浮沈から、メリルリンチ元CEO、スタンレー・オニール（『サブプライム危機の容疑者』'08年3月31日号）の転落、そしてFed議長、ベン・バーナンキ（『金融メルトダウンの解剖』'08年12月1日号）の苦闘へと、この3人の人物を追うことで、今次金融危機の各段階における人間くさい側面がきれいに浮かび上がってくる。

アメリカン・ジャーナリズムの本流に位置する「ニューヨーカー」のノンフィクション記事の歴史は古く、珠玉の作品群で彩られてきた。たとえば、1946年、「ニューヨーカー」は全ページを費やして、原爆が投下された広島の惨劇を世界に伝えた。ピュリッツァー賞作家、ジョン・ハーシーによるその作品『ヒロシマ』は、6人の被爆者の体験と見聞をリアルに描き、'99年、「20世紀アメリカ・ジャーナリズムの業績100」（ニューヨーク大学選定）の第1位に選ばれている。

また、全世界にベトナム反戦運動が拡大するきっかけを作ったシーモア・ハーシュの『ソンミ村、無抵抗村民504人大虐殺事件』の真相報道も、'69年の「ニューヨーカー」誌上であった。

さらに言えば、事実を小説のように構成する妙で、ニュージャーナリズムの原点となったトルーマン・カポーティの作品『冷血』も、「ニューヨーカー」にまず連載されて評判を呼んだものだ。

ところで、編集作業に金も時間もかかるこうした優れた雑誌ジャーナリズムの存続にとって、雑誌自体のビジネス面での成功が必須である。その意味で「ニューヨーカー」の記事の質の高さは、創刊から84年経った今も、部数100万部超を維持する営業的な数字に支えられていると言うこともできる。そこで、日米雑誌ジャーナリズムのビジネス面の違いについて、アメリカに生活していなければ見落としがちな部分に少し触れておこう。

最大の違いは、何と言っても価格である。「ニューヨーカー」の場合、年間47誌（合併号を含む）予約購読で47ドル。1誌当たり1ドル、100円を切る低価格なのだ。しかし旅行者としてアメリカのキオスクで1部買いする限り、1部4ドル99セントとなり、日米雑誌の価格差は見えてこない。現在の「ニューヨーカー」の予約購読者は男女半々で、全読者の96％を占めている。

日本では、雑誌は毎号1部ずつのばら売りが中心だが、逆にアメリカの雑誌では「ニューヨーカー」誌のように定期予約購読者が圧倒的に多く、予約購読すれば価格が驚くほど安い。顧客指向（カスタマ・セントリック）が、雑誌という商品にも徹底しているのである。

この定期予約という流通下部構造の大きな違いが、編集面にも甚大な影響を与えることになる。実売率アップを毎号の最大目標とする1部売り中心の雑誌や新聞には、正確さを時に犠牲にするセンセーショナリズムがつきまといがちだ。これは日米を問わぬ宿命と言っていい。しかし、アメリカの雑誌の場合は、多くの定期予約購読者を確保することで、読者の長期的な信頼を裏切らないことを最優先し、それをもとにした編集方針が採られるケースが多い。これこそ、日米の雑誌のクオリティーに大きな差が生まれる理由で、日米読者の民度の差が、雑誌のクオリティー差の原因では決してないのである。

ちなみに、雑誌の購読料金を安くすることで部数を増やし、広告収入増を図るという戦略は、「ニューヨーカー」の場合、競合する週刊誌「ニューヨーク」（部数50万部。実用記事が多く、平均読者年齢は「ニューヨーカー」より10歳若い）のようには利いていない。「ニューヨーク」と違い、「シティ・マガジンとしてブランド商品の広告が分厚く入る「ニューヨーク」と違い、「ニューヨーカー」は都会派リベラルの精神的支柱として全国誌の性格が強く、号によっては読者ニューヨークよりカリフォルニアで多く売れたりする。その結果、広告主にとっては読者の特徴が逆にハッキリ見えないことになる。これは、この老舗雑誌が目下抱えているビジネス面の最大の悩みで、広告収入に全面依存するウェブでも、相変わらずこの難点は解消されていない。

しかし今、意外なことに、アマゾン・ドットコム発売の電子ブック端末「キンドル」で、人気ナンバー1の雑誌が「ニューヨーカー」だという。キンドルはウェブと違い、課金制である。やはり中身があり、読者の信頼が厚い雑誌に活路はあるものだ。

ここで、「ニューヨーカー」のスタッフライターとして経済記事に健筆をふるう著者、ジョン・カシディーについて触れよう（略歴は巻末のプロフィール参照）。

著者が、人物を通して経済を語ることに長けていることは、本書の3本の記事からも明らかだが、今回「ニューヨーカー」のホームページで検索し、カシディーの他の経済記事を、過去にさかのぼって目を通してみて、彼の記事の魅力の源泉が分かった気がしたものだ。「ニューヨーカー」に載った50本を超える記事中、読み応えがあるのは、やはり人物中心の記事で、これまで、メディア王マードックやジョン・ケネス・ガルブレイス、ラリー・サマーズ、フリードリッヒ・ハイエク、カール・マルクスなどの経済学者が取り上げられている。

中でも最大の力作は、雑誌記事のピュリッツァー賞と言われる全米雑誌賞の最終候補になった一本『カール・マルクスの帰還』（'97年10月20日号）であろう。この長編記事は、今はウォール街で働く大学時代からの友人が、「ウォール街で働けば働くほど、マルクスの言うことは正しいと思うようになってきた」と筆者のカシディーに打ち明ける話から始まり、最後は「マルクスの著作は資本主義が存続する限り読むに値する」という筆者個人の感慨で結ばれる。

マルクスのコミュニズム思想や、労働価値説の論理破綻はあっさり排除しながらも、資本の本質は独占に向かうというマルクスの指摘や、単純化されがちな彼の窮乏化理論は、貧困大国アメリカの現状がその証拠なのではないのかと鋭く問いかけてもいる。自らの学識をふまえた本音のレポートと言っていい。

マルクスに対する、こうした理解なしに、本書に収めた3本の記事の深さは生まれなかっただろう。ニーダーホッファが白鯨にたとえた資本の巨大な物神性。それに翻弄されるアメリカ経済界のベスト&ブライテストたちへの洞察と記述は、まずもって資本主義の本質についての突き放したクールな認識なしには成り立たないからだ。「計画経済に勝る市場メカニズムの優越性」といったモノトーンな知識だけで、当の市場の失敗に呻吟《しんぎん》する人間の明暗が、ここまで冷静に描けるわけがない。

保守派ジャーナリズムの一方の雄ではあるが、炯眼《けいがん》でも知られるメディア王マードックが、最近「要は、リベラルなライターが書く経済記事のほうが面白い」と言ったと伝えられる。カシディーの記事が、まさにその具体例と言っていいのだろう。

本書の翻訳に際しては、「セオリー」で企画、編集にあたられた鈴木章一、木村貴之両氏の温かいご配慮と的確なチェックを頂いた。また、スタンレー・オニールの章の翻訳に関しては、「セオリー」'08年11月25日発売号掲載の初訳「ウォール街の帝王　その強欲な人生」を多分に参考にさせていただいた。訳者の藤岡啓介、北村京子、村松静枝、藤田優里子の各氏に心からのお礼を申し上げたい。

皆さんありがとうございました。

２００９年７月

著者略歴
ジョン・カシディー（John Cassidy）
英国生まれ。オクスフォード大で「近代史および経済学」の学位を取得後渡米。コロンビア大、ニューヨーク大でそれぞれジャーナリズムと経済学の修士号を取得。英国サンデー・タイムズのワシントン特派員、ニューヨーク・ポストの編集長代理を務めて、英米両国の新聞ジャーナリズムを経験したのち、1995年、ニューヨーカーのスタッフライターとなる。ネットバブルを扱った著書『ドット・コン』（2002年刊）は、12ヵ国語に翻訳された。現在はニューヨーク、ブルックリンに在住。

松村 保孝（Matsumura Moritaka）
北海道大学文学部西洋哲学科卒。講談社入社後、月刊現代、週刊現代、英文誌The Best of Japanなどの企画編集に従事。また、国際室、新事業開発室などの各現場を閲歴。うち６年間は週刊現代特派員などでアメリカに。2006年よりニューヨーク在住。　E-mail:morrie2004@gmail.com

「世界大不況《せかいだいふきよう》」は誰《だれ》が引《ひ》き起《お》こしたか
米国《べいこく》「金融《きんゆう》エリート」の失敗《しつぱい》

2009年 9 月11日　第１刷発行

著　者　ジョン・カシディー　訳　者　松村《まつむら》 保孝《もりたか》

発行者　持田克己
発行所　株式会社 講談社
東京都文京区音羽2-12-21　〒112-8001
電話　編集部／03-5395-3438
販売部／03-5395-4415
業務部／03-5395-3613

印刷所　凸版印刷 株式会社
製本所　黒柳製本 株式会社
本文データ制作　講談社プリプレス管理部

落丁本・乱丁本は購入書店名を明記のうえ、小社業務部あてにお送りください。
送料小社負担にてお取り替えいたします。
なお、この本についてのお問い合わせは、週刊現代編集部あてにお願いいたします。

ISBN978-4-06-215689-9